LA MAGIE RELATIONNELLE

Infographie: Chantal Landry
Correction: Brigitte Lépine et Odile Dallaserra

Données de catalogage disponibles auprès de
Bibliothèque et Archives nationales du Québec

02-19

Imprimé au Canada

L'ouvrage original a été publié par Llewellyn
sous le titre *Relationship Magic. Waking Up Together.*

Dépôt légal: 2019
Bibliothèque et Archives nationales du Québec
ISBN 978-2-7619-5071-8 (version papier)
ISBN 978-2-7619-5240-8 (version numérique)

DISTRIBUTEURS EXCLUSIFS:
Pour le Canada et les États-Unis:
MESSAGERIES ADP inc.*
Téléphone : 450-640-1237
Internet: www.messageries-adp.com
* filiale du Groupe Sogides inc.,
filiale de Québecor inc.

Pour la France et les autres pays:
INTERFORUM editis
Téléphone : 33 (0) 1 49 59 11 56/91
Service commandes France Métropolitaine
Téléphone : 33 (0) 2 38 32 71 00
Internet: www.interforum.fr
Service commandes Export – DOM-TOM
Internet: www.interforum.fr
Courriel: cdes-export@interforum.fr

Pour la Suisse:
INTERFORUM editis SUISSE
Téléphone : 41 (0) 26 460 80 60
Internet: www.interforumsuisse.ch
Courriel: office@interforumsuisse.ch
Distributeur: OLF S.A.
Commandes:
Téléphone : 41 (0) 26 467 53 33
Internet: www.olf.ch
Courriel: information@olf.ch

Pour la Belgique et le Luxembourg:
INTERFORUM BENELUX S.A.
Téléphone : 32 (0) 10 42 03 20
Internet: www.interforum.be
Courriel: info@interforum.be

Gouvernement du Québec – Programme de crédit d'impôt pour l'édition de livres – Gestion SODEC – www.sodec.gouv.qc.ca

L'Éditeur bénéficie du soutien de la Société de développement des entreprises culturelles du Québec pour son programme d'édition.

Conseil des Arts du Canada | Canada Council for the Arts

Nous remercions le Conseil des Arts du Canada de l'aide accordée à notre programme de publication.

Financé par le gouvernement du Canada | Funded by the Government of Canada | Canada

Nous remercions le gouvernement du Canada de son soutien financier pour nos activités de traduction dans le cadre du Programme national de traduction pour l'édition du livre.

Nous reconnaissons l'aide financière du gouvernement du Canada par l'entremise du Fonds du livre du Canada pour nos activités d'édition.

Guy Finley

LA MAGIE RELATIONNELLE

Plus d'amour que de peur

LES ÉDITIONS DE L'HOMME
Une société de Québecor Média

Préface

Chacun sait que les relations ne sont pas chose facile. Elles débutent souvent par la magie de la romance mais, avec le temps, des tensions finissent par apparaître.

Besoins, désirs et points de vue divergents sont le propre de toute relation humaine. Malheureusement, en grandissant, on n'apprend pas toujours à résoudre de manière positive les conflits que ces différences entraînent.

Dans la plupart des livres portant sur les relations, on nous rassure en nous disant qu'il n'y a rien comme les querelles pour aider à comprendre ce qui différencie les deux membres d'un couple, à la condition qu'elles soient « justes ». Cependant, dans *La magie relationnelle – Plus d'amour que de peur,* Guy Finley remet en question cette croyance voulant qu'il soit sain de se quereller avec son partenaire.

Après tout, en quoi peut consister une querelle juste quand les deux personnes sont persuadées d'avoir raison ? Sous prétexte de défendre une chose importante, on s'en prend violemment à l'autre ; on se sert de la connaissance qu'on a de ses points faibles pour le blesser. On insiste pour qu'il/elle reconnaisse qu'il/elle a tort et qu'on a raison. D'une certaine manière, on pense qu'on aura moins mal si on peut lui imputer la responsabilité de notre souffrance. Trop souvent, y compris quand on cherche à se montrer « juste », les querelles laissent des cicatrices. Comme, la plupart du temps, elles aboutissent à une impasse, les mêmes conflits couvent et éclatent de manière répétée, se mutant en barrières qui ne cessent d'éloigner les partenaires l'un de l'autre.

Quant aux couples qui cherchent à éviter à tout prix les querelles destructrices, ils finissent souvent par cumuler intérieurement les griefs. Malheureusement, les études confirment ce que les expériences douloureuses nous apprennent, à savoir que cette stratégie mène au ressentiment et au mépris, sentiments qui érodent inévitablement l'amour.

Il n'est donc pas étonnant que la plupart des couples se sentent coincés entre deux voies tout aussi nuisibles l'une que l'autre, soit combattre ses besoins ou les combler à tout prix, aucune de ces deux voies ne menant à la relation qu'on sait pourtant possible. Et s'il y avait une autre attitude ? Si on pouvait éviter entièrement les querelles destructrices ? Si, au lieu de cumuler les causes de ressentiment, on se servait de ces moments difficiles pour évoluer ? Si on pouvait transformer tout échange houleux en un tournant régénérateur ?

C'est la magie relationnelle que Guy Finley prescrit dans ce livre. S'appuyant sur ses nombreuses années d'expérience en tant qu'enseignant spirituel, il applique les principes intemporels de la croissance spirituelle à la formation des relations intimes, en nous montrant ce qui se passe vraiment quand nous nous querellons et comment dissoudre le ressentiment pour vivre la relation dont nous rêvons.

On croit souvent que les conflits sont attribuables aux défaillances de l'autre, même si on n'exprime pas la chose à voix haute. Dans les moments de plus grande clémence, on montre du doigt ses besoins et désirs conflictuels. Guy Finley nous apprend cependant que les conflits sont l'expression de la souffrance que chacun porte en soi et introduit dans la relation. Toutefois, on ne peut la guérir en scrutant celle de l'autre. On ne peut apaiser cette souffrance que grâce au pouvoir de l'amour.

L'auteur offre dans ce livre des outils permettant de dissoudre la souffrance qui éloigne deux partenaires de vie et de renforcer leur lien avec tous ceux qu'ils aiment. Vous apprendrez à vous servir du pouvoir de l'amour pour guérir les conflits récurrents et à étouffer toute querelle dans l'œuf.

Vous apprendrez aussi comment renouveler votre relation en éloignant le ressentiment stagnant et en ranimant votre passion. Les couples se plaignent souvent que leur amour n'est plus ce qu'il était. Guy Finley souligne que, pour s'épanouir, l'amour doit être constamment renouvelé. Il explique comment le faire. L'amour n'est pas un sentiment qu'on éprouve ou non, mais plutôt un choix qu'on fait à chaque minute.

La magie, ici, consiste à savoir laisser l'amour solutionner les choses. Comme l'affection que les parents éprouvent pour leur enfant leur permet de les aimer de manière inconditionnelle, la relation amoureuse nous offre la possibilité et la volonté de dissoudre les vieux comportements qui constituent pour nous une limite. En exposant nos déclencheurs cachés, en nous aidant à prendre conscience de nos souffrances et en nous apportant la grâce de la guérison, l'amour envers notre partenaire devient le catalyseur de notre propre croissance.

Au bout du compte, c'est toujours entre l'amour et la peur qu'on fait un choix. Guy Finley nous montre comment faire celui de l'amour, même en pleine souffrance, même en plein drame, à nous servir du pouvoir de celui-ci pour devenir de meilleurs êtres humains et pour faire naître la relation dont nous rêvons.

D^re^ Laura Markham

Introduction
Le message de ce livre

Il existe un enseignement intemporel sur l'amour et les relations dont la beauté simple transmet une sagesse éternelle. Ses mots sont à la fois encourageants et pleins d'espoir, laissant présager des possibilités que peu d'entre nous ont imaginées. Et pourtant, aucune de ces promesses n'est exprimée directement. Elles se dissimulent plutôt dans un vieux proverbe zen que je paraphrase ici :

> *Un oiseau vole dans le ciel, aussi loin qu'il vole, le ciel n'a pas de fin. Le poisson nage dans l'eau, mais aussi loin qu'il nage, il y a toujours de l'eau*[1].

Cette illustration élégante rappelle la relation infinie qui existe entre l'oiseau et le ciel, entre le poisson et l'eau. En supposant qu'on puisse ressentir un peu de la beauté de cette corrélation intemporelle, on touche le premier fragment d'un grand secret qui se trouve au cœur de la magie relationnelle.

Tout comme l'oiseau est fait pour le ciel et le poisson, pour l'eau, mêlés de manière inextricable dans une relation infinie,

---

1. Maître Zenji Dôgen. *Polir la lune et labourer les nuages*, traduction de Jacques Brosse, Albin Michel, 1998.

il existe une relation illimitée entre l'amour et nous. Sauf que, dans ce cas, la relation est notre ciel, notre eau. Nous sommes faits l'un pour l'autre.

Un premier concept qui répond à nos questions relationnelles les plus pressantes

On a souvent l'impression que, contrairement à ce qui se passe dans les premiers temps, en mûrissant, la relation soulève plus de questions qu'elle n'apporte de réponses. Les quatre questions suivantes montrent que cette préoccupation n'est pas rare, tout en nous permettant d'aborder un élément de réponse qui leur est commun.

1. Comment se fait-il que malgré la présence d'un partenaire aimant, ma vie me semble parfois vide, comme si j'étais seul/e ?
2. Notre rencontre a été merveilleuse, mais l'étincelle commence à s'éteindre. Où donc est allé l'amour ?
3. Au début, nous parlions durant des heures d'affilée alors que, désormais, nous ne le faisons que rarement. C'est comme si nous n'avions plus rien à nous dire en dehors des questions pratiques. Que nous est-il arrivé ?
4. Nous cherchons à pimenter notre relation, mais en vain. Il est certain que nous nous aimons, mais il me semble que nous ne réussissons à nous rapprocher qu'après nous être querellés. Comment pouvons-nous repartir à zéro ?

Même si les choses vont relativement bien entre deux partenaires, la réponse à ces quatre questions reste valable. En fait, notre capacité à en percevoir la réalité détermine si l'amour qu'on éprouve pour l'autre peut s'épanouir ou s'il se flétrira sur la vigne. Veuillez accorder toute votre attention à la réflexion suivante :

Notre désir d'aimer et d'être aimé ne constitue pas un engagement qui, une fois pris entre des partenaires consentants, répondra pour toujours à ce besoin. Pour s'épanouir, l'amour a constamment besoin de se transformer. Comme l'eau pure d'une source de montagne, s'il n'est pas renouvelé, il cesse de couler, stagne et finit par s'éteindre.

Nos expériences personnelles montrent que ce point de vue est juste. Il explique pourquoi on cherche, dans les yeux de l'autre, sous la forme d'une communication tacite, l'expression de l'amour dont on a besoin et qu'on désire partager avec lui/elle. De sorte que quand on lui dit qu'on l'aime, ou encore quand on montre de l'affection à un enfant, voire à un animal de compagnie au regard plein de gratitude, ce qu'on lui exprime, en fait, c'est que sa présence dans ce lieu et à ce moment-là comble à la fois notre besoin d'aimer et de l'être en retour. Quand notre amour est renouvelé, nous le sommes aussi. Chacun sait cependant que la relation n'est pas faite que de ces moments tendres et de ces douceurs.

Dans ce livre, vous découvrirez comment utiliser les moments difficiles, voire pénibles, que traverse votre couple pour approfondir, renforcer et renouveler votre amour. C'est la véritable magie relationnelle, celle qui permet de transformer la « goutte qui fait déborder le vase » en une pépite d'or qui vous enrichira tous les deux.

Vous y apprendrez :

1. à vous servir de vos différences pour vous montrer plus aimants et aimables l'un avec l'autre ;
2. à mettre un frein à toute querelle, tout en approfondissant votre lien avec votre partenaire ;
3. à aimer votre partenaire pleinement sans craindre de le perdre en dépit des échecs passés et de la souffrance ressentie alors ;
4. à mettre un terme à ce vieux comportement consistant à vous repousser mutuellement dans vos retranchements, qui transforme votre relation en un manège infernal.

Sachez toutefois que le travail intérieur nécessaire à l'éveil du couple demande du courage. En outre, cet ouvrage ne s'adresse pas à ceux qui croient qu'il y a toujours une « bonne » raison de se quereller avec son partenaire.

Ce que vous êtes sur le point de lire n'a rien à voir avec les platitudes ou les affirmations qu'expriment habituellement les partenaires après s'être rentrés dedans, ou après s'être lancé mutuellement à la tête toutes sortes de reproches.

Vous découvrirez plutôt qu'il existe des principes de plus haut niveau qui, une fois compris et mis en pratique, non seulement contribuent à guérir les plaies et à corriger les malentendus qui sont la cause de tous les problèmes relationnels, mais permettent de mettre un terme à toute velléité de querelle.

Résoudre les mystères relationnels les plus intimidants

1. Pourquoi sommes-nous attirés par certaines personnes, particulièrement celles qui sont « mauvaises » pour nous ?
2. Est-ce vrai que les contraires s'attirent ? L'âme sœur existe-t-elle réellement et, si oui, y a-t-il moyen de savoir si on l'a trouvée ?
3. Comment se fait-il qu'autant de relations finissent mal ? Que puis-je faire pour que cela ne nous arrive pas, à mon partenaire et à moi ?
4. Comment puis-je aider mon partenaire à corriger certains traits indésirables qui m'agacent profondément ?

Les réponses à ces questions, de même que bien d'autres, vous apporteront les outils intellectuels et pratiques vous permettant de construire une relation solide dans laquelle peu de gens ont la chance de s'engager, une relation qui se régénère d'elle-même, est spontanée, tendre, incorruptible et, surtout, véritablement aimante.

Mode d'emploi de ce livre

Si j'ai décidé d'intituler ce livre *La magie relationnelle*, c'est qu'il traite justement de pure magie, bien que son sujet n'ait rien à voir avec ces tours de passe-passe qu'on présente sur scène, ni avec les pratiques ou rituels relevant de l'ésotérisme.

En réalité, il n'y a pas si longtemps, bien des aspects de notre réalité quotidienne semblaient relever de la magie : observer l'intérieur du corps humain à l'aide d'un instrument capable d'en révéler les subtilités, s'adresser à quelqu'un habitant à l'autre bout du monde par l'entremise d'un appareil porté au poignet, fabriquer des diamants ou des médicaments de synthèse en manipulant leur structure moléculaire, etc.

Si j'insiste sur ce point, c'est que certaines des notions présentées dans ce livre pourraient vous sembler impossibles à réaliser. Je tiens cependant à vous rassurer doublement : d'abord, ce n'est pas le passage du temps qui a transformé ce que nous croyions être de la magie en une réalité quotidienne ; c'est plutôt que ce dernier était nécessaire pour dévoiler la « magie » inhérente à ces réalités. C'est aussi vrai de la magie de l'amour. Il ne s'agit pas d'attendre que se présentent les conditions idéales pour qu'elle se révèle, puisque toutes les possibilités sont en nous.

Ce concept important mérite une explication.

Ce qui semble impossible à un certain niveau de conscience – patience inconditionnelle, bienveillance et compassion – est, en fait, quelque chose de naturel à notre moi supérieur. Tout comme, dans le passé, nous possédions les connaissances « magiques » nécessaires à la compréhension des technologies fabuleuses que nous employons aujourd'hui, en chacun de nous réside une « magie » de l'amour qui ne demande qu'à se manifester.

Voilà pourquoi j'ai écrit ce livre : pour vous aider à comprendre que tout ce dont vous avez besoin – la connaissance d'un moi supérieur qui transforme tout conflit avec un partenaire en amour inconditionnel –, vous le possédez déjà. Pour vous aider aussi à découvrir, dans ce processus inextricable et apparemment inexplicable, que votre partenaire est précisément la personne qui peut vous aider à réaliser cette possibilité infinie.

Vous et moi sommes donc sur le point d'entreprendre un périple très spécial, d'où le sous-titre de ce livre, *Plus d'amour que de peur*. Nous voilà lancés dans une grande aventure !

Cependant, comme c'est le cas chaque fois que l'on aborde un territoire inexploré, on doit se préparer à la nouveauté qu'on y découvrira. C'est pourquoi je vous conseille fortement, pour votre première lecture, de lire tous les chapitres dans l'ordre où ils sont présentés. Par la suite, vous pourrez ouvrir le livre à la page qui vous convient pour y trouver la leçon dont vous avez précisément besoin à ce moment-là.

Un aperçu de *La magie relationnelle*

Chacun des dix chapitres constitue un niveau d'étude, tout comme les barreaux d'une échelle qu'il faut gravir pour atteindre l'échelon supérieur. Dans ce cas, nous les gravirons un à un, consolidant chaque fois les connaissances de haut niveau que nous y aurons acquises tandis que nous renoncerons à notre niveau plus limité.

Dans le premier chapitre, *Comment matérialiser les promesses invisibles et le pouvoir de l'amour*, vous découvrirez certaines des lois célestes qui gouvernent les relations. Les concepts qu'elles recèlent vous aideront à acquérir les connaissances nécessaires à la compréhension des leçons suivantes.

Dans le deuxième chapitre, *Le tao de l'amour*, vous découvrirez comment naissent les relations difficiles et pourquoi il en est ainsi. Vous apprendrez la vérité sur la « loi de l'attraction », et nous verrons comment transformer ce qui vous oppose à votre partenaire dans l'accomplissement d'un amour d'ordre supérieur.

Chacun des huit chapitres suivants vous permettra d'atteindre un barreau supérieur. Autrement dit, les concepts présentés sont conçus pour apparaître dans cet ordre. Chacune des étapes vous permettra de voir plus loin encore, vous apportant la liberté non seulement d'aimer, mais aussi d'être aimé.

Au troisième chapitre, *Révélations permettant de redécouvrir le pouvoir de l'amour*, vous découvrirez qu'il existe une force invisible qui sépare les gens. Aussi, qu'on ne peut espérer améliorer sa relation avec son partenaire que si l'on se connaît mieux soi-même. Vous apprendrez en outre à vous servir des moments difficiles de la relation pour renforcer celle-ci.

Au quatrième chapitre, *Assumer la pleine responsabilité de la relation*, vous découvrirez ce qu'il faut faire pour empêcher toute humeur négative de détruire votre relation ou de « punir » votre partenaire. Vous apprendrez aussi que, en assumant la responsabilité de votre état intérieur, vous pouvez mettre un terme à une querelle en cours, transformant un moment désagréable en un moment riche en nouvelles possibilités.

Au cinquième chapitre, *Comment recommencer à zéro*, vous verrez pourquoi il est parfaitement inutile de faire des compromis dans le but de ramener la paix entre votre partenaire et vous. Vous apprendrez aussi à vous libérer tous deux de vos comportements affligeants et, chose importante, vous découvrirez une façon efficace de mettre instantanément un terme à tout conflit avec lui/elle.

Au sixième chapitre, *Une relation ne peut se renouveler que dans la mesure où l'on se renouvelle soi-même*, vous découvrirez les véritables causes qui se cachent derrière les petits et grands désaccords, de même qu'un processus en deux temps vous permettant de transformer ces situations indésirables en de puissantes occasions de guérison, tant pour vous que pour votre partenaire.

Comme on peut l'imaginer, les leçons de ce chapitre, qui se trouvent à mi-chemin du livre, sont un peu plus exigeantes. Ne perdez pas de vue, particulièrement en ce qui concerne la compréhension du reste du livre et de votre travail dans ce sens, que l'amour rend toute chose possible.

Au septième chapitre, *La voie supérieure qui mène à l'amour idéal,* vous ferez, à propos de votre partenaire, une découverte qui aura pour effet d'éliminer toute velléité de querelle chaque fois que vous arriverez à en comprendre la vérité intrinsèque. Vous découvrirez également en quoi consiste cette qualité supérieure qu'on appelle la compassion, qui a le pouvoir de rapprocher des personnes qui s'aiment mais se sont éloignées, et de guérir les blessures qu'elles se sont infligées.

Au huitième chapitre, *Éveil de l'amour altruiste au pouvoir englobant,* vous accéderez à un niveau d'amour supérieur qui vous aidera à vous débarrasser sans effort de tout chagrin ou ressentiment résiduel marquant votre relation. Vous aurez à travailler sur trois intentions nouvelles qui vous apporteront la capacité d'aimer votre partenaire autant que vous souhaitez être aimé de lui/d'elle.

Au neuvième chapitre, *Laisser à son partenaire la possibilité de grandir,* vous apprendrez comment, à notre insu, on peut freiner l'évolution de notre partenaire et, en conséquence, l'amener inconsciemment à se retourner contre nous. Du même souffle, vous verrez, preuve à l'appui, pourquoi toute tentative de transformer notre partenaire « pour le mieux » donne toujours l'effet inverse.

Enfin, au dixième chapitre, *L'ABC de la magie relationnelle,* nous verrons qu'il est improductif de reprocher notre souffrance à notre partenaire. Nous ferons ensemble deux exercices destinés à comprendre l'importance de lui accorder la liberté nécessaire à l'accomplissement de ses capacités les plus élevées. Nous découvrirons également que la seule manière de parfaire l'amour consiste à s'y exercer jusqu'à ce qu'il nous rende parfaits.

Une dernière pensée concernant ce cheminement vers l'amour et toutes ces splendides lois qui visent à faire de vous un(e) meilleur(e) partenaire pour celui/celle que vous aimez : idéalement, vous devriez lire ce livre avec votre partenaire, discuter avec lui/elle des principes avancés et de leur pertinence quant à votre couple, et partager ensemble les découvertes faites durant les exercices proposés. Surtout, vous devriez comprendre ensemble combien ces révélations peuvent vous permettre d'approfondir l'amour que vous avez l'un pour l'autre, rehaussant ainsi naturellement la qualité de votre relation.

Cependant, je suis bien conscient que votre partenaire n'est peut-être pas prêt(e) à s'engager sur cette voie, si bien que ce que je viens d'énoncer pourrait s'avérer impossible, et le sera probablement en fait. Cependant, il n'y a pas lieu de s'en inquiéter, car:

- vous êtes la personne qui perçoit l'infinité de l'amour.
- vous êtes celle qui a compris, ne serait-ce que minimalement, que l'amour ne peut s'épanouir dans l'ombre de l'amertume, du regret ou du ressentiment.
- vous êtes celle qui éprouve de la gratitude pour l'amour que vous recevez mais qui, d'une certaine façon, sait aussi qu'il n'y a pas de limite à votre cheminement, pour peu que vous fassiez honneur à cette partie supérieure de vous-même qui ressent cette fabuleuse possibilité.

Et si tout cela est vrai, cela signifie que vous devrez être le premier/la première des deux à changer.

Vous devrez donner l'exemple même si vous ne savez pas toujours en quoi cela consiste exactement. Cela dit, si vous étudiez les principes émis dans ce livre avec le désir de les comprendre et si vous mettez en pratique les leçons portant sur l'amour supérieur qu'il comporte, vous changerez. Si je l'affirme, c'est que je sais avec certitude que vous portez en vous la magie de l'amour. Il suffit d'oser chercher à lui permettre de s'incarner. Faites-le et, à mesure que le pouvoir de l'amour vous transformera, votre partenaire prendra conscience de ces changements. Sans savoir d'où ils proviennent, il/elle souhaitera accomplir la même chose. Ainsi, vous l'amènerez à changer à son tour.

Les promesses entre vous seront désormais inutiles puisque vous lui manifesterez l'amour que vous attendez de lui/d'elle en retour.

Voici quelques-unes des découvertes importantes que vous ferez sur le chemin de l'éveil. Les sept points ci-dessous constituent, en quelque sorte, un avant-goût des principes curatifs et enrichissants qui seront étudiés en profondeur dans les pages suivantes.

1. Ce qui nous pose problème chez les autres est en fait ce qu'on ne voit ni ne comprend de soi-même.
2. Peu importe à qui ou à quoi nous faisons porter le blâme de notre souffrance puisque tant que nous ne prenons pas conscience du rôle que nous jouons dans ces moments difficiles, rien ne peut changer.
3. Ce n'est pas en ignorant les différences qui existent entre votre partenaire et vous qu'il/elle cessera de vous irriter, mais plutôt en apprenant à vous en servir – tout comme le fait le joaillier avec sa meule – dans le but de vous perfectionner non seulement en tant qu'amants et amis, mais aussi comme personnes.
4. Chaque fois qu'il y a une querelle entre amoureux, chacun des deux est responsable de ce qui peut arriver à l'un et à l'autre.
5. En dépit des apparences, lors d'une querelle, le premier coup n'est pas porté par l'un ou l'autre des partenaires, mais littéralement par leur souffrance.
6. Nos réactions négatives ne sont nullement conscientes d'elles-mêmes, ce qui signifie qu'elles sont non seulement aveugles, mais également incapables d'amour.
7. Si l'on fournit sa part d'efforts, l'amour fera le reste, mais on doit le mettre à l'épreuve. Avec l'amour, tout est possible.

Voir la « magie » se manifester en soi

Je me rappelle avoir observé, petit, un ami qui effectuait un tour de magie. Cela me paraissait impossible, mais il faut dire que j'étais probablement très impressionnable. Je lui ai donc demandé de m'apprendre son truc.

« Sûrement pas, m'a-t-il répondu. Un magicien ne révèle jamais ses secrets. »

Il ne me restait plus qu'à acheter le même accessoire que lui à la boutique où on le vendait.

Morale de l'histoire : à quoi sert la magie si certains peuvent en user et d'autres pas ? Je vais donc vous enseigner dans ce livre quelques tours de magie que vous pourrez accomplir, à la condition toutefois de bien suivre mes indications.

Je ne doute pas que, dans votre découverte des nouveaux concepts que je vous propose, certains passages échapperont en partie ou en totalité à votre compréhension.

D'abord, sachez que c'est naturel, voire prévisible. Vous n'aurez qu'à tirer de ces concepts ce que vous pouvez. Marquez-les au surligneur ou notez la page et le paragraphe concernés. Puis, poursuivez votre lecture en ignorant ce blocage temporaire.

Quand vous aurez terminé la lecture du livre, relisez les phrases qui vous auront paru confuses. Alors la magie promise opérera : les passages obscurs livreront leurs secrets, car vous les considérerez d'un œil neuf. Les concepts sur lesquels vous aurez trébuché se transformeront comme par magie en une échelle dont les barreaux vous mèneront vers une connaissance supérieure de vous-même.

Chapitre 1
Comment matérialiser les promesses invisibles et le pouvoir de l'amour

Même si, la plupart du temps, nous refusons de l'admettre ouvertement, il arrive que nos relations prennent une mauvaise tournure, que ce soit avec les membres de la famille, des amis, un amoureux, voire un pur étranger. Avant même de nous en rendre compte, nous aurons blessé quelqu'un involontairement ou, au contraire, quelqu'un nous aura vexés et nous aurons battu en retraite. Il ne s'agit pas là d'un jugement de valeur. Nous sommes tous passés par là plus d'une fois ! Vu de l'extérieur, ça peut sembler anodin. Cependant, à chaque incident, grandit en nous le sentiment que tout ce qui risque de changer dans nos relations, c'est la nature des fautes que l'on reproche à l'autre.

En voici la raison.

En dépit de nos meilleures intentions, ces conflits tendent à se reproduire. Avant même qu'on s'en rende compte, certains comportements affligeants s'installent. On est de plus en plus porté à agir ou à parler sous le coup de la colère ou de la frustration. Voici ce qui se passe : chaque fois que cette irritation apparaît, une sorte de callosité se forme autour de notre cœur et grossit « naturellement », un peu comme le font les stalactites dans une caverne.

Nous connaissons tous ces structures aux formes étranges pour les avoir vues dans un livre ou un film. Suspendues tels des glaçons sombres à la voûte des cavernes, elles sont formées de sels de calcium qui s'y déposent lentement, par couches, en conséquence de l'écoulement continu d'une eau enrichie en minéraux.

En gardant cette image en tête, songez à ce sentiment de déception, de trahison ou de manque de respect que vous éprouvez vis-à-vis d'autrui et qui « s'écoule » peu à peu de votre être. Voyez-vous le parallèle ? Chacune de nos réactions négatives à une situation indésirable produit un effet distinct mais similaire.

Lentement mais sûrement, se forme en nous et autour de nous une sorte de carapace destinée à nous protéger de toute nouvelle souffrance. Cependant, alors que cette couche protectrice semble nous isoler de blessures émotionnelles ultérieures, elle accomplit cette tâche à prix fort, au prix, en fait, de tout ce qui pourrait compter pour nous.

Cela devrait aller de soi mais ce n'est pas le cas : on ne peut à la fois protéger son cœur de la souffrance et l'ouvrir. Pas plus qu'il n'est possible de se mettre à l'ombre et, en même temps, de sentir la chaleur des rayons du soleil sur son visage.

Plus on accepte, à son insu, de vivre dans l'ombre d'anciennes peurs et de regrets persistants, plus on se coupe du plaisir de faire de nouvelles découvertes et d'explorer de nouvelles avenues, non seulement chez son partenaire, mais également en soi.

Imaginez un enfant qui ne peut comprendre pourquoi le beau rosier en pot que son parent lui a donné et qu'il garde sur le rebord de sa fenêtre a cessé de croître, pire encore, qu'il commence à flétrir. Rien de ce qu'il fait pour le soigner ne lui redonne la santé. Il ne veut pas que son parent le sache, car il craint d'être la cause du problème.

Heureusement, le parent comprend ce qui trouble son enfant et découvre la fleur fanée qu'il a cachée. Il sourit et lui explique ceci : « Mon petit, tu n'as rien fait de mal. Nous allons régler le problème. Ton rosier a cessé de croître parce que ses racines débordent du pot. Pour qu'il soit heureux et en santé, nous devons le transplanter dans un pot plus grand, ce que je t'aiderai volontiers à faire. »

Quand une relation nous semble rabougrie, usée ou trop exigeante et qu'on est porté à dissimuler ses sentiments ou à se reprocher ses échecs, la même solution s'impose : nous avons besoin d'un pot plus grand.

Pas plus qu'un rosier ne peut survivre quand ses racines sont confinées, nos relations ne peuvent s'épanouir si elles sont à l'étroit. Dans ce cas, c'est notre cœur qui se trouve confiné, coincé derrière un mur d'idées préconçues qui, en plus de restreindre nos relations, privent notre cœur de l'amour qu'il désire plus que tout au monde.

Explorons cette notion essentielle.

Révélation : Les limites invisibles de l'amour sans limite

Comme nous le découvrirons dans les prochains chapitres, il n'y a pas de limites inhérentes aux relations avec les personnes qui nous attirent ou que nous attirons.

En fait, l'une des raisons qui nous poussent vers quelqu'un, c'est que, en sa présence, on découvre en soi de nouvelles possibilités qu'on souhaite explorer aussitôt. Autrement dit, la véritable limite ne provient pas d'une incapacité imaginaire à aimer inconditionnellement. Ce n'est pas « l'autre » qui ne « comprend tout simplement pas ». Ce n'est pas non plus qu'on se trouve coincé dans des circonstances contradictoires. Si l'une ou l'autre de ces situations était vraie, ce serait simplement de la malchance ; cela signifierait que notre capacité à aimer librement, à nous donner entièrement, est limitée par des conditions hors de notre contrôle. Comme nous le verrons, ce n'est pas le cas.

La véritable limite sous-jacente à nos relations tient dans la manière dont nous percevons l'autre et dans les croyances que nous entretenons à son sujet. Ou, plus précisément : notre véritable problème en matière de relations tient dans ce qu'on ne voit ni ne comprend de soi-même.

Voici un exemple. Une des choses qui nous troublent chez les autres, c'est qu'ils ne sont pas à la hauteur de nos attentes, du moins en cas de situation problématique. À nos yeux, la personne s'est avérée incapable de nous « compléter », responsabilité dont on l'avait chargée. Réfléchissons un moment à cela. Est-ce vraiment son incapacité à faire ce qu'on lui avait « assigné » qui nous rend malheureux, ou n'est-ce pas plutôt la limite que nous impose cette fausse croyance qu'on entretient à notre insu et qui veut que les autres soient responsables de ce que l'on ressent ?

Cette fausse croyance, voulant que « ton » but dans l'existence consiste à t'assurer que « je » demeure heureux/heureuse et satisfait(e) de notre relation, l'étouffe au contraire et en supprime toute forme d'amour.

Il importe de considérer cet aspect en revoyant nos relations passées, particulièrement en repensant aux personnes qu'on a aimées ou blessées, ou qui nous auraient blessés. Seulement, alors, sera-t-on en mesure de voir comment cette incompréhension ne peut qu'altérer nos relations en créant, comme on peut l'imaginer, une fausse mais féroce dépendance envers autrui. Les faits qui suivent parlent d'eux-mêmes.

Plus notre estime de soi dépend des autres, plus on a besoin d'eux pour se sentir unique, et plus le ressentiment s'installe quand – comme ce sera inévitablement le cas au fil du temps – ils ne répondent pas à nos attentes.

Ce ressentiment refoulé mène généralement à une explosion de frustration ou de colère à l'endroit de la personne concernée. Évidemment, de tels moments s'accompagnent de la certitude ô combien familière que cette personne doit être « corrigée ». Après tout, n'a-t-elle pas échoué dans le rôle que nous lui avions assigné ? Une fois de plus, nos expériences passées en sont la preuve : pourrait-on éprouver ce genre de déception si on ne l'avait pas d'abord « attelée » à nos attentes idéales ? Rien d'autre ne permet d'expliquer nos réactions négatives à l'endroit d'un partenaire, voire de quelqu'un qu'on vient tout juste de rencontrer, que la fausse certitude qu'il/elle n'est jamais censé(e) nous perturber. En d'autres mots, quand on croit qu'autrui est responsable de notre bien-être, on s'autorise à l'éperonner jusqu'à ce qu'il fasse les choses à notre manière.

Bref, quand on compte sur l'autre pour répondre à un besoin dont on l'a rendu inconsciemment responsable, cela non seulement nous aveugle mais, pire encore, nous empêche d'atteindre le vrai but – la magie – qui se cache derrière toutes les relations, chose sur laquelle nous nous pencherons maintenant.

Nos relations constituent toutes une sorte de miroir qui, comme celui de la chambre à coucher devant lequel on s'habille le matin, réfléchit notre image et nous renseigne sur notre apparence, qu'on aime ou qu'on n'aime pas selon ce qu'on a décidé de porter ce jour-là.

Devant le miroir de nos relations – reflet ininterrompu du déroulement de la relation –, on a la possibilité de voir ce que l'on est à ce moment-là. De cette manière, chaque relation nous révèle quelque chose de notre nature actuelle dont on n'est pas nécessairement conscient. En d'autres mots, chaque fois que je suis à « tes » côtés, il se peut que je rencontre une partie de « moi » que je n'ai jamais croisée. Voici un exemple de ce concept puissant et de la façon dont sa magie agit en nous.

Supposons que, au cours d'une balade en pleine nature, vous vous trouviez soudainement devant une chute imposante et majestueuse. Une fine bruine recouvre le paysage, réfléchissant les rayons du soleil et entraînant la formation de milliers de minuscules prismes de lumière colorée.

Vous n'avez jamais connu un tel moment puisque vous n'avez jamais été la personne que vous êtes à ce moment précis. Dans des situations semblables, on éprouve le sentiment incomparable de se percevoir soudainement à un tout autre niveau.

Supposons plutôt que vous observiez l'infinité du ciel en pleine nuit. Devant cette étendue sombre, on éprouve soudainement un sentiment de profondeur et de vastitude, comme s'il y avait en soi une présence éternelle. Dans un moment semblable, on entrevoit quelque chose qu'on ne percevrait pas autrement : ce sentiment d'intemporalité qui nous habite a, en fait, toujours été là.

Dans le conte *La Belle au bois dormant*, la princesse sort de son sommeil grâce au baiser du prince charmant. De la même manière, toutes nos relations sans exception peuvent contribuer à nous éveiller, de sorte que non seulement on entre en contact avec un soi plus profond et plus vrai, mais aussi que, à travers cet éveil, on ait accès à un ordre d'amour plus élevé qu'il ne le serait autrement.

Le magnifique magnétisme de l'amour

Vous êtes-vous déjà demandé pourquoi vous éprouviez un tel attrait pour une personne que vous veniez tout juste de rencontrer et pourquoi, au contraire, vous en détestiez une autre de prime abord ? Pourquoi sommes-nous attirés par certaines personnes tandis que d'autres nous repoussent sans raison apparente ?

Y a-t-il plus mystérieux que ces forces invisibles à l'œuvre en nous qui gouvernent la manière dont nous réagissons aux autres et entrons en relation avec eux ? Par exemple, en amour ou dans d'autres types de relation, pourquoi les contraires s'attirent-ils ?

Comme il est question de cette étrange attirance, profitons-en pour élargir le champ de notre étude. Parmi l'infinité des possibles – ou, comme le disait ma mère, parmi tous les poissons de l'océan –, qu'est-ce qui nous pousse à entreprendre ces relations dont l'influence contribuera à forger littéralement notre destinée ?

L'attirance puissante qu'on éprouve pour une personne s'explique notamment par le fait qu'elle nous émeut comme nul autre, qu'elle éveille en nous des pensées et sentiments merveilleux qu'on n'éprouve avec nul autre. Ces sentiments ne nous sont pas étrangers. Peut-être avez-vous déjà dit à quelqu'un : « J'aime comment je me sens à ton contact. » Signalons que ce genre de sentiment ne se limite pas à un partenaire amoureux. On éprouve la même conscience et appréciation de soi-même quand on regarde une maman prendre soin de son nouveau-né ou un chiot courir après sa queue, ou quand, dans un champ de fleurs sauvages, les pétales réfléchissent la lumière du soleil.

Coup d'œil sur la « face cachée » de l'amour

Aussi merveilleux que soient ces moments, pour les raisons tout juste énoncées, ils ne forment que la moitié d'une magie encore plus grande.

Il est plus difficile, voire presque impossible, de comprendre l'autre moitié de ce tableau qui, quand on attire des relations indésirables, est régie par les mêmes lois. Songez à ces cas où, pour des raisons qui défient toute logique, on attire vers soi des personnes ou des situations désagréables sans qu'on puisse exercer le moindre contrôle ni y échapper.

Il s'agit là de l'autre face de la loi d'attraction, que l'on perçoit comme négative, compte tenu du fait que l'étrange nature de son pouvoir est exactement à l'opposé de ce qu'on souhaite : il attire vers nous des « visiteurs » indésirables qui, peu importe combien de fois on leur demandera de partir, continueront de frapper à notre porte.

Cependant, si nous pouvons nous libérer de la prison de nos préjugés sur la nature de cette mystérieuse force magnétique qui agit en nous tout en nous déconcertant entièrement, nous découvrirons quelque chose d'absolument miraculeux. Ces « visiteurs » apparemment adverses remplissent la même fonction cruciale : nous aider à nous éveiller et à prendre conscience de l'existence d'un amour inconditionnel d'ordre supérieur qui vit en nous, et en lequel nous vivons également.

Vous vous demandez peut-être comment cela est possible. Qu'y a-t-il de bon à tirer de ces moments désagréables avec autrui et qu'ont-ils à voir avec l'amour ? Un résumé rapide de ce que nous avons appris jusqu'à maintenant permettra de répondre à cette question.

On a vu que la principale raison qui nous attire vers une personne en particulier, c'est que plus on s'abandonne à la relation, plus on en apprend sur soi-même ; on prend conscience de quelque chose que seule cette relation peut nous révéler.

On apprend aussi que, dans chacun de ces moments révélateurs – au cours desquels on a découvert sur soi-même une certaine vérité autrement inaccessible –, on fait également l'expérience d'une forme profonde de guérison. Une partie inconnue de soi qui, juste avant, se sentait incomplète éprouve désormais un sentiment de plénitude. On peut en témoigner facilement : le pouvoir révélateur de l'amour est également curatif. L'amour ne fait pas que nous intégrer, il nous montre ces parties manquantes de nous-mêmes qui, en fait, n'étaient pas absentes, mais simplement endormies. Appliquons cette compréhension à ce qui paraît être la face cachée de l'amour, son côté sombre.

S'il est vrai qu'il nous est impossible de réaliser nos possibilités les plus élevées sans l'impulsion stimulante de l'amour qui nous éveille à elles, on peut dire la même chose de son action « contraire » dans notre existence. Nous devons aussi apprendre à voir ces parties inconscientes de nous-mêmes qui vivent dans l'ombre et nous privent des révélations apaisantes de l'amour.

Nous connaissons tous certains de ces personnages. Ce peut être la peur d'être blessé de nouveau, ou la méfiance envers autrui, tellement incrustée qu'elle anéantit l'amour avant qu'il n'ait la possibilité de fleurir. Quel que soit son nom ou sa nature, pour guérir, il importe que tout sentiment – ou toute pensée – négatif qu'on entretient soit révélé au grand jour. C'est justement ce que je cherche à souligner : l'amour éclaire ces personnages qui vivent dans un coin obscur de notre être, nous libérant des limites invisibles qu'ils nous imposent.

Nous venons donc de voir que les forces de l'amour s'expriment dans des directions égales mais contraires. D'un côté, celui-ci est actif; il nous apparaît comme positif dans la mesure où il révèle et affirme en nous ce que nous souhaitons réaliser. Il renforce notre espoir et notre foi en un pouvoir plus grand que soi qui doit être partagé avant de devenir entièrement sien.

De l'autre, l'amour est passif. S'il nous semble négatif, c'est qu'il révèle les parties de nous-mêmes qui sont autolimitatives et qui résident largement dans la partie obscure de notre être. N'eût été la révélation souvent pénible de l'existence de ces limites, nous n'éprouverions jamais le besoin de nous en libérer, encore moins d'aimer sans peur et sans réserve.

Chapitre 2
Le tao de l'amour

Tous se sont sûrement demandé un jour comment il se fait que les contraires s'attirent. Plus précisément, comment cela s'applique à notre propre expérience. Cela signifie-t-il que quiconque nous attire est notre contraire ? En outre, est-ce que cela s'applique à tout ce qu'on attire à soi, situations et gens confondus ?

Il existe une grande confusion autour des lois célestes de l'attraction. Voyons donc ce qu'il est possible d'apprendre sur cette étrange forme de « magnétisme » qui fait « tourner le monde ». Pour ce faire, une courte leçon de physique élémentaire s'impose.

Dans la création, tout ce qui naît est la manifestation de trois forces principales. C'est là un fait scientifique qui confirme également ce que les saints et les sages ont enseigné de tout temps : ce sont les « fils d'or » d'énergies indéterminées qui non seulement s'infiltrent dans tout ce que nous voyons, ressentons et éprouvons, mais constituent également les forces invisibles formant la trame complexe de l'existence.

En Occident, ces trois forces sont nommées en fonction du rôle qu'elles jouent dans la création : la première est dite « active », sa partenaire est dite « passive » et la troisième est dite « transformatrice » ou conciliante.

Voyons comment elles interagissent à l'aide d'un exemple de la vie quotidienne. Vous participez à une fête. Il y a beaucoup de gens autour de vous, mais votre regard est tourné vers une personne se trouvant à l'autre bout de la pièce. Votre énergie est alors « active ».

Comme par magie, la personne vous regarde à son tour. Elle a senti « passivement » l'élément actif de l'attention que vous lui portez.

Tandis que vous devenez tous les deux conscients de ce qui est en train de se produire, une troisième force intervient. Dans l'esprit de l'autre, les associations abondent – positives ou négatives selon des situations semblables vécues dans le passé – et entraînent une réaction. Quelle que soit la forme que prend celle-ci – qu'il/elle vous sourie ou détourne rapidement le regard –, il y a conciliation des forces active et passive sous l'effet de la tension créée. Et la situation continue de se dévoiler…

Ce concept des trois forces créatrices, connu par plusieurs sous le nom de « trinité », constitue le fondement de la majorité des grandes religions. Nous sommes, pour la plupart, familiarisés avec celle du Père, du Fils et du Saint-Esprit. Cette trinité représente les trois aspects créateurs ou « personnes » de la Vie divine unique de laquelle émergent ces forces célestes dans le but de veiller sur le grand cycle de la création, soit la vie, la mort et la renaissance.

En plus des grandes religions, le thème de la trinité se retrouve dans certaines traditions spirituelles qui ont pour ainsi dire disparu. Selon saint Jérôme, théologien des premiers temps du catholicisme : « Toutes les nations anciennes croyaient en la Trinité[2]. » Un bref historique permettra d'étayer ce fait.

Pour les anciens Sumériens, l'univers était divisé en trois domaines principaux, chacun gouverné par une divinité particu-

2. Marie Sinclair, Countess of Caithness. *Old Truths in a New Light*, Chapman and Hall, 1876.

lière : Anu régnait sur les cieux, Enlil, sur la terre, et Ea, sur les eaux. Ces divinités agissaient ensemble comme si elles ne faisaient qu'une ; trois forces en une, tel que nécessaire pour établir la création et la gouverner.

Les anciens Babyloniens reconnaissaient la doctrine des « trois personnes » en un seul dieu et voyaient le triangle équilatéral comme l'emblème de cette trinité dans l'unité.

En Inde, les trois dieux en un seul sont Brahma, le créateur, Vishnou, le protecteur, et Shiva, le destructeur.

Dans le bouddhisme, la doctrine de la trikāya reconnaît que Bouddha a trois corps, qui sont responsables de l'existence, de l'expérience et de sa perfection.

Bien sûr, nous pourrions citer d'autres exemples mais, pour l'heure, nous nous pencherons sur le tao, afin de voir comment ces trois forces contribuent à créer et à former nos relations.

Le taoïsme est une ancienne école spirituelle chinoise que nous connaissons, pour la plupart, par le symbole suivant :

Ce symbole illustre les deux puissances célestes qui sont responsables, en partie, de la création, soit, comme nous l'avons vu, les forces active et passive. Son étude rapide nous éclairera considérablement sur les caractéristiques uniques de celles-ci.

Une moitié du symbole représente l'obscurité, l'autre, la lumière, soit la nuit et le jour, le vide et le plein, etc.

Ce sont le « yang » et le « yin », des « contraires » qui se complètent secrètement l'un l'autre en une danse incessante. Pour mieux comprendre ce concept, songez aux fonctions systolique et diastolique du cœur humain. Le battement cardiaque consiste en fait en ce que la moitié du cœur se vide tandis que l'autre s'emplit en conséquence. Ces mouvements apparemment contraires ne font pas qu'interagir constamment l'un avec l'autre, ils s'unissent pour créer quelque chose de plus grand qu'eux, c'est-à-dire la vie.

Tout ce qui respire, du micro-organisme à l'étoile en expansion et en contraction, est assujetti à ces lois célestes. L'alliance ou la conciliation de ces forces contraires – qui leur permet d'agir de concert en tendant vers un but plus grand que ce qu'elles sont individuellement – n'est possible que grâce à la présence d'une troisième force, qui les enveloppe et les unit dans un but encore plus élevé, celui de donner naissance à une nouvelle forme résultant de l'union de deux contraires. Et le cycle recommence.

Vous vous demandez peut-être en quoi cela concerne l'apprentissage de l'amour sans limite. Quel rapport entre ces concepts et la découverte des secrets de la magie relationnelle ? C'est entièrement lié, comme nous le verrons à l'instant.

La plupart du temps, ce qui s'impose à nous quand il est question de « forces contraires » en matière de relations, ce sont des images et sentiments désagréables, par exemple le souvenir de querelles passées ou l'évocation de disputes actuelles.

On se remémore aussi les nombreuses discussions entre parents, amis ou membres de la famille aux opinions divergentes. Ces moments désagréables sont tellement ancrés dans la mémoire – surtout la tension qui les accompagnait, de même que la crainte de devoir vivre à nouveau une situation semblable – que l'idée même d'une complémentarité secrète entre ces forces contraires peut sembler inconcevable.

Voyons quelques exemples de situations où l'on peut avoir le sentiment que la vie elle-même s'oppose à notre bonheur et à la paix de notre esprit. Nous avons tous vécu à répétition des situations où les autres semblent vouloir s'en prendre à nous.

1. Les conflits habituels entre amis, membres de la famille et amoureux : je veux telle chose que toi, tu ne veux pas, ou vice-versa.

2. L'événement inattendu : le commentaire spontané de quelqu'un qui tranche comme un couteau, qui détruit nos attentes et semble contrer nos intérêts.

Ces exemples sont fréquents. Tout geste de l'autre qui contredit ou remet en cause l'image qu'on a de soi-même entraîne une réaction négative immédiate. Cependant, il importe de comprendre que ce qu'on ressent à ce moment-là est entièrement déterminé par la perception qu'on a de la relation elle-même à ce moment précis. Notre expérience le prouve amplement : quand notre partenaire est stimulant ou qu'il/elle nous trouve irrésistible, on éprouve un grand plaisir en sa compagnie. Quiconque nous flatte est parfait, ou presque.

D'un autre côté, malheur à quiconque nous embête. Si tu sembles me juger, me critiquer ou cherches à m'empêcher de réaliser mes souhaits ou mes désirs, particulièrement en ce qui concerne mes attentes vis-à-vis de ton rôle dans notre relation, alors je me dois de te remettre à ta place !

On connaît la chanson... On fait tout ce qu'on croit nécessaire pour que notre partenaire réponde à nos demandes et s'il/elle ne le fait pas, on sait comment lui faire payer ses erreurs. Pourtant, bien qu'on connaisse la stratégie – dont le but consiste à mettre un terme à sa propre souffrance en l'imputant à l'autre –, on semble ignorer entièrement le fait suivant : il n'est jamais efficace de faire porter le blâme à autrui ou de chercher à le contrôler. Même si ça peut sembler fonctionner, dans les faits, ce n'est pas le cas. Même quand on a l'impression d'avoir eu le dessus à l'issue d'une querelle, on n'aura réussi, en fait, qu'à retarder temporairement le conflit inévitable qui ne manquera pas de se manifester la prochaine fois qu'on rencontrera une opposition.

Ajoutons à cela le fait qu'il ne peut exister de dispute entre deux personnes que si chacune d'elles se sent injustement traitée par l'autre, et on comprendra facilement pourquoi notre ressentiment contre celle qui nous a « offensé » continue de croître.

Quand cette pression est trop forte, la querelle suivante – probablement à propos d'une bricole encore plus banale que précédemment – est habituellement deux fois plus houleuse.

Pourtant, aussi étonnant que cela puisse paraître, du moins de prime abord, ce n'est pas notre interlocuteur – frère, mère, superviseur, vendeur ou amant – qui a un problème. Bien qu'il soit difficile de comprendre cela en plein milieu d'une dispute, il/elle n'est pas « cassé, abîmé ». En d'autres mots, nous sommes tous dans le même pétrin. Nous avons perdu contact avec un amour d'ordre supérieur qui n'a pas pour seul but de nourrir la relation, mais qui nous enseigne une foule de manières de nous servir de nos relations – même les plus problématiques – pour devenir des êtres humains plus aimants et meilleurs. De prime abord, cela peut sembler représenter un concept difficile à appréhender, mais le fait est qu'on peut observer ces lois célestes à l'œuvre dans les situations les plus courantes.

Prenez une fleur, par exemple. Voyez comme elle expose ses pétales aux rayons du soleil. Elle est en mode passif quand elle reçoit la chaleur active qui la nourrit, même si elle se tourne pour suivre la course de l'astre vivifiant. On voit ici deux formes et forces apparemment séparées, chacune étant l'expression d'un niveau d'existence différent : le soleil, dont les rayons se dirigent vers la fleur, et celle-ci, ancrée dans le sol, ouverte et réceptive à sa chaleur vivifiante. L'union de ces deux forces est un acte de création et, grâce à elle, la fleur atteint son but. Alors qu'elle reçoit ainsi les rayons ardents du soleil, une personne passant par là aperçoit cette « simple » fleur sauvage et s'arrête avec reconnaissance pour l'admirer. C'est là le tao de l'amour à l'œuvre.

Quand l'étudiant est prêt, les relations formatrices se manifestent

L'expérience relationnelle – que ce soit avec un frère, une mère, un père, un partenaire ou un amant – ne saurait être dissociée de la compréhension qu'on a de son but. Bien que nous ayons déjà abordé cette question importante, il serait souhaitable d'en rappeler les grandes lignes afin de profiter pleinement de ce qui est présenté dans ce chapitre.

Si l'on aime tant tomber amoureux – ou se faire de nouveaux amis –, c'est que les nouvelles relations sont sans passé. Cependant, il faut généralement peu de temps avant qu'elles ne se mettent à ressembler à toutes les précédentes.

Comme une forme de gangrène, on voit les vieilles histoires réapparaître et se substituer à la nouvelle relation qu'on espérait différente. Il devient vite plus facile de condamner que de pardonner. Le jeu des reproches recommence, et ce qui était nouveau prend doucement l'aspect de ce qui a toujours été. D'où l'importance d'un véritable renouveau, en commençant par une introduction aux principes supérieurs énoncés ci-après. Si vous vous y penchez sérieusement, ils vous amèneront à considérer toutes vos relations d'un œil neuf. De plus, si vous faites vôtre leur sagesse, ils contribueront à vous apprendre ce qu'est l'amour inconditionnel.

Comme nous l'avons vu, les forces active et passive possèdent des caractéristiques contraires. Pourtant, quand elles s'unissent, elles ne font pas que se compléter, elles créent une nouvelle vie, laquelle ne peut naître d'aucune autre manière. Ce principe n'est nulle part aussi évident que dans les forces contraires qui s'expriment en tout premier lieu dans la nature, soit la masculine et la féminine.

En taoïsme, on les qualifie de « yang » et de « yin ». Même si elles se manifestent sous des formes séparées et distinctes, par exemple « l'homme » et « la femme », on doit garder à l'esprit que, d'un point de vue spirituel, nul attribut masculin ou féminin n'existe sans son contraire. En d'autres mots, ils sont mutuellement dépendants. Et pourtant, l'union de ces forces contraires et des formes qu'elles incarnent produit quelque chose de plus grand que la somme de leurs parties.

En gardant cela à l'esprit, étudions de plus près les éléments qui forment ces caractéristiques masculines et féminines. Mais d'abord, mettons une chose au clair : aucune de ces forces contraires ou de leurs manifestations n'est supérieure à l'autre. De plus, quelle que soit la manière dont chacune se manifeste à un moment donné, aucune connotation négative n'y est associée.

Le yin est le principe féminin, la force passive de la création. Cependant, passif ne veut pas dire faible, pas plus que le lit d'une rivière n'est le subalterne des eaux qui coulent sur lui. Sans ce lit et les rives, il n'y a pas de rivière.

Le yin est comme une vallée aux ombres profondes. Dans un sens, il représente le néant, le vide, pur potentiel en attente de la conception idéale. Pour mieux appréhender ce principe, songez au potier qui tourne une motte d'argile. Dénuée de forme, l'argile est pure passivité en attente des mains actives du potier qui donnera naissance à l'une de ses possibilités infinies. Graduellement, de l'union de l'argile et des mains du potier, émergera une tasse, un bol ou un vase, formes vides également, qui attendent qu'on les remplisse de thé, de soupe ou de jolies fleurs.

Si l'on applique cette métaphore à l'image de la vallée aux ombres profondes, ne peut-on voir que cette manifestation yin « attend » d'être remplie, prête à absorber la chaleur des rayons du soleil qui s'y déversent ? Et que la lumière qui perce ses ténèbres apporte avec elle l'énergie nécessaire à la complétion du cycle de vie dans la vallée ? De nouveau, nous parlons de forces complémentaires.

Dans la vie, rien n'existe dans le seul but de satisfaire ses propres besoins. Ce qui est actif ne peut être complet sans quelque chose à « toucher », de même que ce qui est passif ne peut être entier sans avoir été « touché ». Quand ces forces s'entremêlent, se « touchant » l'une l'autre, elles répondent ainsi au besoin et au but de l'autre. Il s'agit là de la description d'un art ancien, le sexe tantrique, soit la relation vitale entre les forces masculine et féminine : au cours d'un acte sexuel prolongé (y compris la discipline que cela requiert), les forces active et passive sont mises en contact. Par leur union consciente, les participants se trouvent dans un état d'exaltation sublime au contact de cette énergie qui forme un tout indissociable.

Tout ce qu'on a étudié et appris ensemble jusqu'ici avait pour but de nous faire découvrir la chose suivante : nous ne sommes pas les seuls créateurs des relations que nous avons avec ceux qui entrent dans notre existence, ou dans l'existence desquels nous entrons. Il y a là quelque chose de beaucoup plus grand. Nos relations nous combleront d'autant plus que nous comprendrons cela.

Dès la naissance, notre vie est l'expression d'une relation plus grande, qui l'a précédée. Nous devenons aussitôt les instruments d'une foule de forces célestes invisibles, même si nous jouons un rôle déterminant dans l'œuvre concertée qui les amène à créer, exprimer et, en définitive, rétablir en nous, de même que dans nos relations, l'harmonie des cieux dont elles proviennent. Pour prouver que ce ne sont pas là de vagues chimères, voyons un exemple du plan d'ensemble qui sous-tend ces forces « contraires », et explorons comment on peut s'en servir pour découvrir la véritable magie relationnelle.

L'essence du yin est « féminine », surtout émotionnelle, un réservoir d'impressions intuitives ; elle est par nature communicative. Elle est dépendante, mais uniquement au sens où elle est capable d'attendre passivement son complément. Elle est centrée sur les autres.

D'un autre côté, le yang est en essence « masculin », surtout intellectuel, s'appuyant sur la raison. Il est indépendant, porté au silence, tout en cherchant activement à trouver son complément. Il est centré sur lui-même.

Elle souhaite qu'il soit conscient de ce qu'elle fait et, ce faisant, qu'il pénètre dans son espace et partage avec elle tout ce qui réside dans les profondeurs secrètes de sa nature.

Il souhaite qu'elle lui laisse une certaine liberté, qu'elle comprenne ses besoins sans qu'il ait à lui en parler.

On a tout lieu de se demander ce qui peut bien pousser des forces aussi contraires à s'unir, et dans quel but. Après tout, en règle générale, nous savons ce qui se produit quand de telles forces s'affrontent directement, et ce n'est pas joli. De quoi s'agit-il donc ?

L'amour a réuni ces forces afin qu'elles répondent au but supérieur pour lequel elles ont été créées, soit se compléter l'une l'autre. À quoi cela ressemble-t-il dans la réalité ? Penchons-nous sur l'une des formes que pourrait prendre ce principe supérieur.

Peut-être avez-vous déjà observé le scénario suivant dans l'une de vos relations : il se peut que l'homme se rende compte que sa partenaire souffre du fait de son égocentrisme. À ce moment-là, il prend conscience, peut-être pour la première fois, de sa souffrance à elle. À la lumière de cet éveil, il découvre qu'elle est directement attribuable à l'un des traits de caractère dont il a toujours été fier. Cette révélation constitue un véritable choc pour son ego : il est éveillé, soudainement conscient de ce qui, il y a une seconde à peine, était une force aveugle, inconsciente et irréfléchie. Il voit désormais ce trait de caractère pour ce qu'il est : une énorme pierre d'achoppement se tenant entre eux, un véritable obstacle au futur de leur relation. Par égard pour l'amour qui les a réunis, il comprend qu'il est celui qui doit changer, non seulement pour elle, mais également pour répondre à son propre besoin, désormais évident, de dépasser une partie de lui-même qui, il l'a bien vu, s'oppose à sa personne et à ce qu'il y a de plus élevé en lui.

Ne peut-on voir comment ces éléments apparemment contraires s'unissent à la perfection pour créer une possibilité plus grande que ce qu'aucun des deux ne pourrait réussir seul ? Après tout, n'eût été ce qui le différencie de sa partenaire, l'homme n'aurait jamais éveillé ces parties de lui-même qui, d'un côté, l'empêchent de trouver l'amour qu'il recherche et, de l'autre, doivent être actualisées afin que s'accomplisse en lui le but supérieur de l'amour. Quel beau mystère ! Bien comprises, leurs différences apparentes deviennent les forces qui leur révéleront les obstacles les ayant empêchés d'entamer la prochaine étape sur la voie de l'amour inconditionnel, et elles les en délivreront. C'est cela, la magie relationnelle.

Coup d'œil sur la magie secrète de l'amour

En définitive, les grands classiques littéraires sont tous des histoires d'amour, même s'ils ne sont pas toujours interprétés de la sorte.

Peut-être n'êtes-vous pas d'accord avec cette affirmation. Qu'en est-il, par exemple, d'*Un conte de Noël* de Charles Dickens ou des *Misérables* de Victor Hugo ? Après tout, les classiques ne ressemblent pas tous à *Titanic* ou à *Roméo et Juliette.* Et que penser de *Douze hommes en colère* et de *Les Évadés,* sans compter *La Liste de Schindler* ?

Qu'est-ce qui fait qu'il s'agit là d'histoires d'amour, particulièrement quand ces livres ou films n'abordent pas directement la question de la passion amoureuse ? Voyons cela de plus près.

Dans presque toutes les histoires classiques, passées et présentes, le personnage principal traverse, au nom de l'amour, une crise déchirante qui transforme entièrement son caractère. Cependant, comme les titres cités ci-dessus le prouvent, cette transformation profonde n'est pas nécessairement orientée vers l'amour d'un autre, mais plutôt vers celui d'un idéal, d'une valeur intemporelle dont l'essence consiste en ce lent éveil du cœur et dont il ne peut plus désormais ignorer la vérité, et ce, même au prix de tout ce qu'il croyait jadis être vrai et valable.

Si ces récits nous touchent, c'est que nous sommes témoins de l'immense sacrifice personnel que fait le personnage principal, sacrifice que seul un niveau de conscience supérieur – c'est-à-dire éveillé par l'amour – rend possible. À travers ces récits, nous renouons avec cette possibilité de réaliser un ordre d'amour différent qui réside en nous ; si ce n'était pas le cas, comment pourrions-nous le reconnaître, et encore moins être touchés au point de nous y identifier?

À la lueur de cette nouvelle connaissance, penchons-nous sur une histoire d'amour portée récemment à l'écran. On y découvrira le récit plus profond se déroulant entre les lignes, en plus d'acquérir des outils précieux nous permettant de clore notre propre histoire d'amour par la même fin heureuse.

En 1996, la comédie dramatique *Jerry Maguire* sortait sur grand écran. Elle mettait en scène Tom Cruise, qui jouait le rôle d'un agent de stars du sport égocentrique et plein d'assurance. Traversant une crise de conscience, il envoie à ses collègues et au directeur de l'agence un mémo dans lequel il dit s'élever contre certaines pratiques qu'il juge injustes et propose des changements dans la manière de conduire les affaires de l'entreprise. Son honnêteté lui coûte son emploi.

Alors que, humilié, il quitte son bureau, il demande à la ronde si certains veulent le suivre – convaincu que d'autres pensent comme lui. « Qui, demande-t-il, m'aidera à démarrer une nouvelle entreprise qui sera vraiment au service des clients ? »

Un silence de mort lui répond. Cependant, alors qu'il passe la porte, Dorothy Boyd (jouée par Renee Zellweger), une des secrétaires, annonce qu'elle désire se joindre à lui. Ensemble, ils s'embarquent dans un futur incertain, avec l'espoir que certains des clients de Jerry le suivront. Il se trouve que seul un joueur de football, Rod Tidwell (joué par Cuba Gooding Jr.), le fera.

Ce court synopsis rend compte de l'essentiel du film. Voyons maintenant comment une forme d'amour supérieur déploie sa magie dans l'histoire et y apporte une fin heureuse, à tous les niveaux.

Nous apprenons que Dorothy est mère célibataire et que si l'aventure avec Jerry échoue, elle se retrouvera devant rien. Il est évident qu'elle a le béguin pour lui, ce qui pourrait l'empêcher de prendre une décision éclairée et lui attirer bien des déboires. Il est tout aussi évident que Jerry le sait et qu'il joue sur l'attirance qu'elle éprouve pour lui pour s'assurer qu'elle le soutiendra dans ses entreprises malgré les difficultés qui s'annoncent.

Pas de doute, elle cherche un preux chevalier qui la libérera de sa situation de mère célibataire avec un jeune enfant sans figure paternelle, fantaisie qu'il encourage tacitement de sorte qu'elle reste à ses côtés et accepte de travailler sans être rémunérée. Ce que l'on voit, ce sont deux braves personnes, mais essentiellement désespérées, qui œuvrent chacune à matérialiser son rêve individuel en se servant de l'autre pour échapper à un lourd destin.

Tandis que l'histoire se déroule à travers, notamment, quelques moments particulièrement difficiles au sein de la nouvelle entreprise, on les voit non seulement se rapprocher l'un de l'autre, mais également acquérir une certaine compréhension de leur tempérament respectif.

Ainsi, Dorothy commence à se rendre compte que Jerry la berce de fausses espérances dans un but parfaitement égoïste et qu'il est absolument incapable de s'engager émotionnellement envers elle.

De son côté, Jerry constate que Rod, son seul client, aime profondément son épouse et que le couple est très engagé dans la relation. Dans ces scènes, Jerry se montre songeur, espérant connaître dans sa propre existence l'amour profond qu'ils partagent.

Alors que l'intrigue se resserre, Dorothy reçoit une offre d'emploi intéressante qui l'obligera à déménager dans une autre ville. Voilà une chance d'assurer la sécurité matérielle dont elle et son fils ont besoin. Elle en parle à Jerry qui, en réponse, la demande en mariage. Il est évident qu'il craint de perdre son seul soutien dans son projet. Cependant, c'est loin d'être là une fin heureuse. On constate qu'ils sont tous les deux dans une situation conflictuelle du fait que leur alliance ne s'est forgée que par simple souci de commodité.

Allons maintenant au cœur de cette histoire pour observer les forces supérieures de l'amour à l'œuvre, pour voir les forces invisibles du yin et du yang déployer leur magie et provoquer une véritable fin heureuse, qui n'est en fait que le début de leur véritable relation.

Dorothy découvre d'abord que, même si elle souhaite former un couple avec Jerry, il n'est pas l'homme dont elle a besoin. Sa quête d'une relation destinée à lui apporter la plénitude l'a d'abord aveuglée, mais elle voit désormais clair, reconnaissant qu'elle a été trompée par certains aspects invisibles de sa propre personne au point de se compromettre et de devenir quelqu'un qu'elle ne souhaite désormais plus être.

Par conséquent, dans une scène cruciale, elle rompt avec lui, lui expliquant qu'ils n'ont rien en commun. C'est pour lui un choc, mais comme il commence à se rendre compte qu'il a été vraiment malhonnête avec elle, il se dit que sa décision est la bonne, pour lui comme pour elle. Ils se séparent. Cependant, une tournure dans l'histoire annonce un revirement absolument inattendu !

Voyons d'abord le déroulement des événements, puis nous étudierons ensuite les leçons importantes qu'il faut en tirer.

Rod, le seul espoir de Jerry, réussit un essai fabuleux lors d'une partie de foot. Il devient instantanément un héros aux yeux des amateurs et des entraîneurs. Cependant, comme pour marquer la magnitude de la chose et ajouter une note de suspense, à la suite d'une chute, il reste étendu sur le sol, comme s'il était grièvement blessé. Après quelques minutes de tension, on découvre qu'il va bien. Cependant, alors que ses coéquipiers se précipitent pour l'aduler et lui manifester l'admiration qu'il a toujours recherchée, il commet l'impensable : au lieu de jouir de sa nouvelle célébrité, il se précipite dans les bras de sa femme qui, inquiète de son état, était accourue à ses côtés.

Deux choses se produisent alors simultanément dans l'esprit de Jerry : d'abord, il comprend, au vu de l'adulation dont jouit le joueur, que ses problèmes financiers sont réglés, Rod étant la nouvelle superstar dont il a besoin pour ancrer son agence.

Ensuite, il est particulièrement touché par le fait que Rod et sa femme ne semblent se préoccuper que d'eux-mêmes. Ils se sont enlacés comme si leur relation transcendait tout intérêt pour l'argent ou la renommée. À ce moment-là, il sent que son cœur s'éveille et il comprend que ce qu'il souhaite le plus au monde, c'est la présence de Dorothy. Il part à sa recherche au pas de course.

Chez elle, il la trouve au salon avec ses amies. Il demande à lui parler en privé, mais elle insiste pour qu'il le fasse devant tout le groupe. Dans la scène attendrissante qui suit, on le voit lutter pour trouver les mots appropriés en présence de toutes ces femmes. Finalement, il ouvre la bouche et ne prononce que trois mots par lesquels il transmet non seulement ses sentiments pour elle, mais également une vérité beaucoup plus profonde, soit sa prise de conscience d'un niveau supérieur de compréhension de soi qu'il n'a pu atteindre que grâce à ce que leur relation lui a appris.

« Tu me complètes », lui dit-il.

Bien sûr, on retrouve dans ces mots tous les éléments illustrant ce qu'un nouvel amour a de merveilleux, mais ce mystère recèle bien d'autres vérités. Ces trois mots simples constituent l'essence de la principale leçon de ce chapitre.

Je m'explique.

J'ai pris la liberté d'ajouter aux mots de Jerry ceux qu'il aurait pu formuler dans le but d'expliquer pourquoi il croyait qu'elle le complétait, mais également ce qui, en lui, trouvait son complément grâce à leur relation.

« N'eût été ta force de caractère quand tu m'as dit que tu me quittais parce que rien de bon ne pouvait sortir d'une relation bâtie sur le mensonge, je n'aurais jamais pu voir que je ne me préoccupais que de ma propre personne. Ta force m'a révélé ma faiblesse et m'a permis de m'en libérer. »

De son côté, elle pourrait lui dire la chose suivante : « N'eût été ton apparition dans ma vie à un moment où je me sentais vulnérable et exposée aux regards, je n'aurais jamais pu voir ces parties de ma personne qui cherchaient à me convaincre que ma vie n'avait pas de sens sans un homme à mes côtés. Sans toi, je n'aurais peut-être jamais découvert, et encore moins remis en cause, la fausse dépendance qu'une telle faiblesse entraîne. »

Le plus grand secret qui soit en matière de relations

Si nous avons étudié ce film populaire, c'était dans le but d'y découvrir l'interaction invisible de forces contraires qui sont, en fait, secrètement complémentaires, et de constater que leur union entraîne une transformation autrement impossible.

En gardant cela à l'esprit, penchons-nous sur quelques exemples qui pourraient ressembler à ce que nous connaissons tous. Notre volonté d'examiner ce qu'ils doivent nous apprendre sur nous-mêmes nous permet de prendre conscience de ce qui, en nous, pourrait constituer un obstacle à l'amour, et de nous en libérer.

Supposons que, au travail, vous cherchiez à éviter un collègue parce que vous le considérez comme une petite brute insensible. Vous préféreriez ne jamais avoir affaire à cette personne mais, en même temps, vous ne pouvez l'éviter entièrement.

Puis vient ce jour fatidique – probablement parce que vous êtes malade ou las d'éprouver une telle peur – où une idée révolutionnaire vous traverse l'esprit : et si le problème n'était pas tant que cette personne vous agace, mais plutôt que vous vous laissez facilement agacer par autrui ?

Votre nouvelle compréhension change complètement votre point de vue, non seulement sur cette relation particulière, mais également sur ce que vous êtes et avez été jusqu'alors.

N'eût été cette personne et ce qu'elle suscite en vous, cette vérité libératrice vous échapperait, à savoir que ce que vous avez fui jusqu'à présent, ce sont vos propres réactions négatives et, ainsi, vous avez craint de vous laisser facilement emporter par la colère ou le ressentiment. Cette découverte vous donne la force de faire un pas en avant et de confronter non seulement celui que vous considériez comme un persécuteur, mais également ces parties de vous qui se sentent si facilement persécutées.

Voici un autre exemple montrant comment, dans toute relation, les contraires peuvent agir de concert en visant le bien de toutes les personnes concernées. Un homme constate que sa copine se réjouit du bonheur d'une amie commune. Sa joie, qu'il n'éprouve pas lui-même et peut encore moins partager avec son amie, lui indique deux choses : non seulement il se sent isolé, incapable de se réjouir du bonheur d'autrui, mais la souffrance que lui cause son envie – dont il n'était pas conscient auparavant – lui saute désormais aux yeux. L'observation de ce personnage égoïste qui lui dérobe ce qui devrait lui apporter du bonheur le pousse à vouloir s'en libérer.

Dans les deux cas, la situation a permis aux sujets de découvrir une imperfection dans leur cœur ou leur esprit, révélation apaisante qui n'aurait pu se produire en dehors de la relation ayant contribué à dévoiler cette faiblesse. La conséquence, à supposer que ces personnes soient ouvertes à la leçon que la situation leur a réservée, est un changement profond de leur être qui n'aurait pu se produire autrement. Cela même, qui constituait une limite inconsciente, se trouve transformé en le germe de quelque chose d'illimité.

C'est là la véritable magie, le véritable pouvoir et, en fin de compte, peut-être le vrai but de toutes nos relations dans l'existence : nous aider et aider l'autre à dépasser ce qui nous empêche d'atteindre la perfection de l'amour. En d'autres mots, nos différences et les perturbations qu'elles entraînent sont comme le gemme contre la meule du bijoutier : chacun existe pour le bien de l'autre et, sans l'autre, aucun des deux ne peut réaliser son plein potentiel.

Voici comment l'auteur Thomas Moore reformule cette idée intemporelle dans *Writing in the Sand*[3] (Hay House, 2010) : deux personnes ayant vécu séparément décident de partager leur

3. Thomas Moore. *Writing in the Sand*, Carlsbad (Calif.) Hay House, 2010.

existence. Chacun sait que ce processus est difficile, comme presser le raisin pour en extraire le jus. Mais, à la longue, en conséquence du partage et des difficultés, les deux existences y gagnent en complexité et en richesse. Comme le jus de raisin qui se transforme en vin, elles fermentent suivant un processus alchimique qui transforme deux personnes cherchant à s'en sortir individuellement en un couple qui découvre les mystères profonds de la vie en commun.

Nous avons tous le même souhait : être cette personne meilleure et plus authentique que, on le sait ou du moins on le pressent au plus profond de soi-même, on est censé être.

On souhaite être plus patient, plus attentionné et plus aimable envers autrui, même envers l'étranger que l'on croise. On aspire à recevoir la grâce nous permettant d'aimer amis, membres de la famille et partenaires, quel que soit le bouleversement qu'ils provoquent en nous. C'est une bonne chose.

Pourtant, s'il suffisait d'avoir de nobles buts pour satisfaire notre désir de mieux aimer, nous disposerions de ce que, en notre for intérieur, nous souhaitons. Pour réaliser ce vœu, il faut quelque chose de plus.

Dans les chapitres qui suivent, vous découvrirez les principes et pratiques nécessaires à la réalisation de ce souhait, à savoir la capacité d'aimer sans limite. Au-delà de l'apprentissage de la vraie nature de la bienveillance intemporelle, de la patience idéale et de la compassion inconditionnelle, vous découvrirez le chemin qui mène à un univers intérieur supérieur où les pouvoirs éternels de l'amour attendent quiconque est disposé à vivre dans cet air raréfié.

Chacun d'eux se conclura par des questions et réponses utiles ayant été tirées de situations réelles qui sont des sources fréquentes de conflit et de confusion dans les relations. Elles ont pour finalité de jeter de la lumière sur les sujets que nous aurons vus.

QUESTIONS ET RÉPONSES UTILES

Question : Quand un être cher s'en prend violemment à son partenaire parce qu'il ne peut, ou ne veut, assumer la responsabilité de sa propre souffrance, quelle est la meilleure manière de faire face à cette attaque ? Comment lui offrir son soutien sans pour autant tomber soi-même dans le piège ?

Réponse : En supposant qu'on a le pouvoir de le faire, ce que le matériel proposé dans ce livre est censé vous offrir, voici la meilleure chose à faire pour la personne qui croit véritablement que l'autre est la source de sa souffrance : éviter tout ce qui l'encourage à penser de la sorte, y compris toute réaction violente. Voici pourquoi : quand on évite de se défendre contre une attaque verbale injuste, c'est comme si l'autre frappait un coup dans le vide. Non seulement l'absence de réaction contribue-t-elle à déséquilibrer cette personne, mais elle lui permet de comprendre que c'est à tort qu'elle impute sa souffrance à son partenaire. Peut-être verra-t-elle pour la première fois que la source de sa souffrance se trouve en elle-même, et que c'est également en elle-même qu'elle doit prendre fin.

Question : Mon problème, c'est que je juge les autres. Je fais des commentaires sur leur apparence, leur travail, ce qu'ils pensent, ressentent, etc. J'essaie d'y mettre un terme, mais je n'y arrive pas. Qu'est-ce que cela signifie ?

Réponse : Nous avons tous, à un degré ou un autre, tendance à juger autrui, particulièrement quand l'autre fait quelque chose qui nous agace. Cependant, si l'on veut mettre un terme à cette habitude, il importe de connaître certaines choses. D'abord, que toute forme de jugement revient, en fait, à reprocher à l'autre d'être responsable de notre état d'esprit. En réalité, cette personne n'a rien fait de tel. À nous de prendre conscience que, s'il est vrai qu'elle nous agace, cet agacement par contre nous appartient. La personne qui agace et celle qui est agacée n'existent pas indépendamment l'une de l'autre, mais sont plutôt des contraires complémentaires qui s'ignorent. Plus vite on comprendra que la personne qui nous offense ne fait que révéler les parties inconscientes de nous-mêmes qui se laissent si facilement offenser, plus vite on pourra libérer le juge qui vit en nous.

LEÇONS CLÉS

1. Ne combattez pas l'existence. Votre combat ne se passe pas avec ce qui vous est contraire, mais plutôt avec ce que vous avez à découvrir à propos des forces contraires qui vivent en vous.
2. Au cœur de ces forces contraires se tient un ordre d'amour supérieur, une unité céleste de laquelle elles naissent. La prise de conscience de cette relation invisible nous libère de l'asservissement résultant de la lutte qu'on mène contre l'une ou l'autre de ces forces. Bien comprises, toutes les forces contraires possèdent en elles-mêmes leur propre porte, à la condition qu'on se tienne devant assez longtemps et avec assez de conscience pour la voir s'ouvrir.
3. Les événements de l'existence, y compris les nombreuses relations qui s'y révèlent, peuvent soit nous écraser, soit contribuer à polir nos côtés tranchants ; le fait de sentir qu'ils nous malmènent ou qu'ils nous polissent dépend entièrement de ce qu'on aime.

Chapitre 3

Trois révélations permettant de redécouvrir le pouvoir de l'amour

À la fin des années 1970, j'ai eu la chance de faire partie d'un petit groupe d'hommes et de femmes qui recevaient l'enseignement éclairé de l'auteur et maître Vernon Howard. Attiré par son travail, j'ai ensuite étudié avec lui pour finalement agir comme codirecteur de sa fondation. Avec le temps, j'ai fini par me rendre compte qu'il en savait plus sur la nature de l'amour supérieur que toute autre personne que j'ai rencontrée dans ma vie.

J'ai pris la liberté de développer certaines des idées qu'il a partagées avec nous dans le court récit qui suit et qui révèle une erreur très fréquente que nous commettons tous dans notre quête de l'amour.

Il fait nuit depuis un bon moment. Seul dans son appartement, Saul écoute l'interview radiophonique d'un célèbre mineur. Les quelques détails qu'il donne indiquent qu'il vient de tomber sur une mine de pierres précieuses dans la montagne, juste à la sortie de la ville où Saul vit.

En moins d'une heure, ce dernier prépare son matériel de camping, vide le garde-manger de ses boîtes de conserve, puis ramasse dans le garage le pic et la pelle inutilisés depuis fort longtemps. Il part en quête de ce qui, il en est certain, changera le cours de son existence, quand il aura mis la main dessus, bien sûr.

Dix jours plus tard, assis devant un feu de camp, frigorifié, épuisé et ayant utilisé tous ses vivres, il est au bout du rouleau. Alors qu'il essaie de comprendre pourquoi les choses ont si mal tourné et ce qu'il pourrait faire pour corriger la situation, il entend un bruit de pas venant dans sa direction. Qui cela peut-il bien être ?

« Bonsoir. Il y a quelqu'un ? Je ne vous vois pas. Veuillez vous identifier. Que voulez-vous ? Autant vous dire tout de suite que je n'ai aucun objet de valeur. »

« Je suis désolé. Je ne voulais pas vous faire peur. Je vis de l'autre côté de la corniche et, de mon balcon, j'ai vu votre feu. Je voulais simplement m'assurer qu'il s'agissait bien d'un feu de camp et non d'un incendie dangereux. »

« D'accord, pas de problème. À dire vrai, je suis plutôt content de parler à quelqu'un. Ça fait un bout de temps que je n'ai pas eu de compagnie, à part les loups là-bas. Voulez-vous une tasse de café avant de repartir ? Je m'appelle Saul. »

« Merci. Ça va me faire du bien. Il fait vraiment froid ce soir. »

L'invité s'assoit et prend la tasse que Saul lui offre tout en remarquant qu'il ne semble pas très bien aller. Tout, dans son apparence, donne l'impression qu'il est crevé, abattu ; à part le reflet des flammes, il n'y a pas de lueur dans ses yeux. Tout cela l'incite à lui poser une question : « J'espère que vous ne m'en voudrez pas de vous demander si tout va bien. Je n'ai jamais rencontré quelqu'un qui semblait aussi éreinté. Bien sûr, je ne veux pas être indiscret. »

« Vous avez raison ; les choses ne se sont pas bien passées, c'est le moins qu'on puisse dire. »

L'étranger poursuit : « D'après l'état du terrain qui a été entièrement retourné, j'imagine que vous cherchez quelque chose ? » Puis, prenant le risque de paraître impertinent, il termine en disant: « Mais je suppose que vous ne l'avez pas trouvé, autrement vous ne seriez plus ici, dans cet endroit froid et aride. »

Bien que se méfiant un peu de l'étranger et de ses questions, Saul est reconnaissant de sa présence et domine sa peur. « Vous avez raison, répond-il. Je suis resté là-haut probablement dix jours. Je suis à la recherche d'une pierre précieuse très rare qu'on aurait trouvée dans le coin. Mais comme vous l'avez présumé, j'ai joué de malchance et ne l'ai pas trouvée. »

Touché par la situation difficile de Saul, l'étranger le prend en pitié. « Est-ce que ça vous serait utile si je revenais demain pour vous aider à creuser, du moins pendant un petit bout de temps ? À quoi cette pierre ressemble-t-elle ? Pouvez-vous me la décrire ? »

À ces questions, Saul tressaille. Soudainement, tout s'éclaire. Il découvre pourquoi, malgré tous ses efforts et sacrifices, il n'a pas trouvé le trésor qu'il cherchait. Il regarde par terre et secoue la tête, embarrassé par ce qu'il est sur le point de dire et ayant lui-même du mal à y croire: « J'étais tellement pressé de venir ici pour faire valoir mon droit sur l'une de ces pierres précieuses que je ne me suis jamais demandé à quoi elle ressemblait. »

Première révélation : À quoi l'amour ressemble-t-il vraiment ?

Ce récit recèle un élément de guérison. L'idée est, à bien des égards, stupéfiante, mais elle mérite toute notre considération si l'on souhaite vraiment atteindre une forme d'amour qui ne se réduit pas à la colère et aux récriminations amères, à savoir : nous ne savons pas vraiment à quoi « ressemble » l'amour. Nous croyons le savoir, et c'est là le problème. Comme il n'y a nul jugement dans ces mots, ne sautez pas trop vite aux conclusions. Penchons-nous plutôt sur la preuve qui suit. Nous verrons qu'elle est irréfutable.

En effet, il est rare que, à la longue, nos relations soient à la hauteur de nos attentes. On a vite l'impression que quelque chose manque ou que la relation ne correspond absolument pas à ce qu'on en attendait. Nous connaissons tous la chanson : c'est le partenaire qui se voit inévitablement accusé. En effet, comment se pourrait-il qu'on soit le problème… alors qu'on est celui/celle des deux qui jette le blâme ?

Deuxième révélation : Quand l'amour bat de l'aile

Il y a quelques années, un jeune couple m'a abordé pour me demander de célébrer son mariage, qui devait avoir lieu six mois plus tard. Il était évident que ces deux-là s'aimaient. Comme je les connaissais depuis un moment déjà, j'ai accepté.

Une fois les détails réglés, ils m'ont demandé si je voulais bien rédiger pour eux des vœux de mariage particuliers. En les écoutant parler du fond du cœur, il me parut évident que leur amour était profond. Entre autres choses, ils souhaitaient prononcer leur engagement mutuel avant l'arrivée des invités : « Quoi qu'il arrive, la force de notre amour l'emportera sur tout le reste. »

Je me suis rappelé une période semblable de mon existence alors que, profondément amoureux, j'avais le même sentiment : l'amour pouvait tout conquérir. Il l'a toujours fait et le fera toujours, ce qui, soulignons-le, est vrai. Malgré tout, il y a des leçons dans l'existence qu'on ne peut apprendre qu'à ses dépens. Ce n'est jamais aussi vrai que lorsqu'il s'agit des idées qu'on chérit tout particulièrement à propos de cette chose mystérieuse qu'on appelle l'amour. Par conséquent, je me suis abstenu de parler aux futurs mariés de ce qui risquait de décevoir leurs aspirations. Puis, nous avons convenu de nous revoir à l'approche du grand jour.

Environ trois mois plus tard, j'ai reçu un appel : ils me demandaient si j'aurais le temps de discuter avec eux d'un petit « problème ». J'ai bien sûr accepté, et nous nous sommes rencontrés le lendemain dans un café. Voici en quoi a consisté notre conversation.

À tour de rôle, ils ont réaffirmé leur amour l'un pour l'autre, tout en faisant suivre ces mots d'un « mais » : « … mais il ne passe pas de la parole aux actes… », « … mais elle n'essaie même pas de… ».

À ce stade, il m'est apparu évident que leur amour, qu'ils croyaient éternel, était meurtri. Cependant, une fois qu'ils ont reconnu le fait qu'on ne retrouve pas l'amour en faisant des reproches à l'autre, les choses ont commencé à changer. Leurs traits se sont adoucis, les accusations se sont atténuées et le ton a perdu de son mordant. Quelque chose avait changé. Alors, comme s'ils se retrouvaient soudainement sur la même longueur d'onde, l'un des deux a posé une question qui a permis de retourner complètement la situation, non seulement au niveau des mots, mais également des regards de reproches qu'ils s'étaient lancés jusque-là. Elle a parlé la première : « Il y a quelques mois, rien, aucune puissance au monde n'aurait pu nous séparer, mais maintenant… » Complétant sa phrase, il a dit : « … maintenant, un rien arrive à nous séparer. »

Je les ai regardés tous les deux, assis là, sincères. Mon silence a dû déclencher la véritable question qu'ils avaient en tête quand ils m'avaient demandé un entretien. Elle a continué : « Il y a sûrement une force obscure à l'œuvre qui cherche absolument à nous séparer. Si vous pouvez nous aider à sortir de cette passe difficile, ce serait vraiment apprécié. » Puis, regardant son fiancé, elle a ajouté : « … de notre part à tous les deux. »

« D'accord, ai-je répondu, mais avant toute chose, j'aimerais savoir ce que vous recherchez tous les deux. S'agit-il de simplement régler ce différend qui vous oppose, ou souhaiteriez-vous en connaître la véritable cause ? »

Ma question a semblé les surprendre, mais leur réponse a jailli pratiquement d'une seule voix : « Nous voulons comprendre… »

« Alors, voyons ce qu'on peut apprendre de cette situation. D'abord, j'aimerais vous poser une question ; elle n'aura peut-être aucun sens, mais si vous avez la patience d'en chercher la bonne réponse, vous découvrirez certains des secrets de la véritable magie relationnelle. » Je leur ai alors demandé : « Quand un vent fort agite les branches d'un arbre et le fait osciller à gauche et à droite, cherche-t-il à le renverser ? Ou n'est-il pas plutôt dans la nature et la fonction du vent de chercher à renforcer les racines de l'arbre ? Qu'est-ce qui, à vos yeux, est le plus vraisemblable ? »

Il a parlé le premier. Sa réponse ressemblait plutôt à une question, mais je savais qu'il avait compris le sens de la mienne. « Eh bien, je suppose qu'il renforce le système racinaire ; du moins, c'est ce qui me semble le plus vraisemblable. »

« Tout juste. C'est vrai aussi de vos conflits. Tout comme les vents déchaînés, ils peuvent servir l'un ou l'autre des deux buts suivants : soit renverser votre amour et le détruire, soit vous aider à atteindre ensemble un niveau d'amour supérieur qui est plus fort que tout ce qui semble vouloir vous séparer. Que choisirez-vous ? »

Ils se sont regardés, puis se sont tournés vers moi : « S'il vous plaît, dites-nous ce qu'il faut faire pour rester ensemble. Que pouvons-nous faire pour que notre amour dépasse nos différences ? »

Troisième révélation : Éveiller ce pouvoir qui permet de régler tous les problèmes relationnels

Le coup frappé à la porte l'a surpris. Le soleil est sur le point de se coucher et il n'attend personne. Rejetant sa résistance à quitter son fauteuil – sans compter qu'il va manquer le moment critique de son émission de télé préférée –, il va à la porte. Par mesure de sécurité, il jette un coup d'œil dans le judas. Il cligne des yeux, incrédule : son fils aîné Aaron est là, juste de l'autre côté de la porte.

« Que diable... », pense-t-il, éprouvant aussitôt un étonnant mélange d'émotions. Après tout, ce n'est pas facile d'être à la fois heureux et en colère. Mais c'est bien le cas. D'une part, il est heureux, soulagé en fait, de voir son fils. Mais de l'autre, il ressent toujours les effets de la querelle qui les a opposés la dernière fois qu'ils se sont vus, il y a de cela trois ans.

Cette dispute s'était produite après que le second mariage d'Aaron eut commencé à battre de l'aile. Ce dernier était venu voir son père en quête de réconfort. Désireux de se montrer bon père, il avait cru de son côté qu'il pourrait lui être utile en lui transmettant le fruit d'une expérience durement acquise au fil des quelque quarante années durant lesquelles il avait été marié à sa mère. Étant donné les circonstances, il avait pensé qu'il était temps de lui faire part de certaines découvertes qu'il avait faites sur lui-même, de lui parler de certaines pierres d'achoppement propres à la nature humaine que, il le savait, son fils ignorait sur lui-même.

Cependant, à aucun moment, Aaron n'avait laissé entendre qu'il pouvait être responsable des difficultés qui avaient mené à un second échec. Ses derniers mots avaient été: « Tu ne sais pas de quoi tu parles. »

Il était reparti en claquant la porte derrière lui. Mais voilà qu'il est de retour. Une autre tragédie est-elle survenue dans son existence ? La seule manière de le savoir est de lui ouvrir la porte.

« Bonsoir, mon fils », dit-il.

« Bonsoir, papa. »

Un silence gêné suit, puis, d'un ton légèrement hésitant, Aaron demande s'il peut lui parler un instant.

Encore sous le choc, son père répond: « Euh non... oui... bien sûr, entre ! Qu'est-ce qui te tracasse ? »

Au cours de l'heure qui suivra, Aaron lui confiera plus ou moins par à-coups que, au cours des trois dernières années, il a beaucoup réfléchi et s'est mis en quête de la sorte de savoir qu'il soupçonnait d'avoir rejeté la dernière fois qu'ils se sont vus. Sa souffrance et ses regrets sont évidents. Il admettra également que, en dépit d'un trio supplémentaire d'échecs amoureux, il ne sait toujours pas ce qu'il faut faire pour préserver une relation. Enfin, il dit: « Papa, je suis venu te demander – en plus de m'excuser de m'être comporté comme un imbécile – de m'expliquer ce que je ne comprends pas. Quand je m'imagine avoir tout compris, je vais encore droit dans le mur. Comment arriverai-je un jour à connaître l'amour que vous avez partagé, maman et toi, durant toutes ces années ? Je sais bien que vous avez traversé des périodes difficiles, mais vous avez toujours continué de vous aimer. »

Après avoir jeté à son fils un long regard pénétrant, et convaincu de la sincérité de sa question, il prend une longue respiration et répond : « Tu as raison, il y a une chose importante que tu ne comprends pas ; c'est ce que j'avais l'intention de te dire quand tu es parti en claquant la porte. Servons-nous de ce moment que nous avons ensemble pour en tirer le meilleur parti possible. D'accord ? »

« Euh... oui, bien sûr, c'est la raison de ma présence ici. »

« D'abord, mettons une chose au clair. Tu te trompes quand tu dis que tu as tout vu. Il y a une chose essentielle que tu n'as pas vue et que, je le soupçonne, tu n'as probablement jamais prise en considération. »

Il prend une autre bonne respiration et demande : « Je poursuis ? »

À son ton, à la manière dont son père a posé la question, Aaron sait que ce qui va suivre ne sera pas facile à avaler. Mais son désir de connaître la vérité sur sa situation l'emporte nettement sur sa crainte. Pour ne pas paraître sur la défensive, alors qu'il commence à l'être, il répond : « Oui... papa, je le souhaite. »

« Tu ne seras peut-être pas heureux de ce que j'ai à te dire, mais sache que j'étais moi-même plutôt ignorant à cette époque-là. Cependant, ta mère m'a aidé à voir clair, tout comme j'essaie de le faire pour toi. »

Puis, choisissant ses mots avec soin, il exprime le fond de sa pensée : « Ce que tu dois voir, c'est la vérité sur toi-même. »

À ces mots, Aaron prend lui aussi une longue inspiration et expire lentement, hochant légèrement la tête pour montrer son accord.

« J'aimerais dire que tu te trompes, mais... nous savons tous les deux que c'est vrai. »

« Je sais, mon fils, que tu as l'impression d'être au bout du rouleau, mais ce n'est pas le cas. Tu te trouves en fait au début de quelque chose de complètement nouveau pour toi et pour tous ceux qui comptent pour toi. Mais tu dois être prêt à faire face à la réalité. »

« Les leçons menant à la connaissance de soi sont amères, mais elles permettent de guérir. Dans ce cas-ci, alors que tu apprends à te voir tel que tu es, non seulement découvriras-tu la cause de tes problèmes relationnels, mais cette même découverte contribuera à les résoudre. »

Il fait une pause, se demandant si son fils a bien saisi son propos ; le léger sourire sur les lèvres de ce dernier l'en assure. Il lui demande donc : « Comprends-tu ce que j'essaie de te dire ? »

« Je crois que oui, mais j'ai quelques questions à te poser. Je peux ? »

« Rien ne pourrait me rendre plus heureux que de partager avec toi ce que j'ai appris. Il y a tant à explorer, mais je pense bien savoir par où commencer. »

Équilibrer l'équation relationnelle

Nous voulons tous être aimés ; rien n'est plus gratifiant et touchant que de sentir que quelqu'un se soucie de soi. Cependant, le véritable amour ne consiste pas seulement à étreindre ceux qui souhaitent nous étreindre au même moment. Voici la règle du jeu : toute forme d'amour unilatéral est destinée à s'effondrer sous le poids de son fondement instable.

Derrière ces mots se cache la raison pour laquelle tant de nos relations tournent mal ou sont sur le point de le faire. Encore faut-il avoir le courage d'en chercher le sens profond.

Pour qu'une relation survive aux différences inévitables qui existent entre deux personnes – et mûrisse grâce à elles –, elle doit être bilatérale. Cela peut sembler évident, mais ne vous laissez pas tromper par cette apparente simplicité. Comme nous le verrons bientôt, la réalité est tout autre.

Le fait est que la plupart de nos relations, même celles qui comptent le plus pour nous, sont unilatérales.

Je peux presque vous entendre me dire : « C'est exactement ce que j'essaie de dire à mon/ma partenaire, mais il/elle ne comprend pas. »

Il importe ici de ne pas y aller d'un jugement trop rapide. C'est assurément ce que nous éprouvons pour la plupart ; nous sommes prêts à faire porter le blâme à quiconque ne répond pas à nos attentes. C'est forcément l'autre qui est coupable d'unilatéralité.

Cette personne, à nos yeux, ne peut pas ou ne veut pas considérer notre point de vue. De fait, c'est probablement le cas : elle est sans doute aussi aveugle et unilatérale que nous le sommes. Mais venons-en à l'essentiel.

Notre partenaire – quel que soit son rôle dans notre existence – ne représente que la moitié de l'équation relationnelle. Soyons absolument clairs : il/elle ne constitue pas la moitié la plus importante de cette équation. Je vous en explique la raison, confiant que vous prendrez le temps nécessaire pour en saisir pleinement le sens.

L'amour, la forme d'amour supérieure qui compte le plus, n'est pas – ne peut pas être – déterminé par les gestes que les autres font, ou ne font pas, à notre endroit. Cela devrait être évident. Après tout, peut-on parler d'amour s'il s'agit de ne l'accorder qu'à ceux qui nous le donnent et selon nos attentes ? De plus, s'il y a bien une chose que nous devrions désormais savoir, c'est que nous n'avons pas le pouvoir de forcer autrui à nous aimer.

On ne peut forcer quelqu'un à être attentionné et bienveillant. On ne peut réclamer par la force ni geste tendre ni marque de gentillesse ou de compassion de la part d'une personne qu'on aime, pas plus qu'on ne peut forcer une rose à s'ouvrir. Et quand on adopte une attitude négative vis-à-vis d'une personne parce qu'elle ne se comporte pas envers nous comme on le souhaite, quand on lui reproche de ne pas être aussi aimante qu'elle le devrait, on se montre tout aussi unilatéral qu'elle, peu importe ce qu'elle a fait pour susciter une telle réaction.

Aussi provocateur que soit ce concept au regard des idées habituelles qu'on entretient sur la personne à qui attribuer la responsabilité de la querelle, au moment même où l'on sent que la relation est en chute libre, on doit apprendre à se poser la plus importante des questions, à savoir : qui est responsable du sentiment pénible que j'éprouve au vu des différences qui semblent m'opposer à mon partenaire ? Ou encore, qui est responsable du sentiment pénible que j'éprouve au vu des différences qui semblent m'opposer à mon collègue de travail, à un membre de ma famille ou même à un étranger rencontré au hasard ? Quelques exemples permettront d'éclaircir ces derniers concepts.

Cet homme – le caissier indifférent qui me sert à la banque, le pompiste distrait qui se tient à côté de ma voiture –, est-ce la personne qui a provoqué, entre nous, ce sentiment de malaise durant son service ?

Cette femme élégante aux bras chargés de vêtements coûteux qui me précède à la caisse du magasin à rayons a-t-elle fait quelque chose qui soit susceptible d'attirer le jugement d'autrui même si elle dépense en dix minutes ce que moi je gagne en un mois ?

La réponse à ces deux questions est : non. Voyons pourquoi.

La plupart du temps, nos relations sont unilatérales, c'est-à-dire perçues de notre seul point de vue. Il importe de bien comprendre cela. Après tout, quelle est la nature – la texture – de toute interaction avec l'autre, qui qu'il soit, sinon l'impression que nous avons de lui ou d'elle à ce moment-là ? Enfin, ajoutez à cette équation le fait que les autres voient les choses et en font l'expérience de leur point de vue – au même titre que nous –, et on peut dès lors comprendre que personne ne gagne jamais un tel combat !

Le fait est que chacune de nos relations éveille en nous une foule d'émotions fortes dont nous ignorions, avant qu'elles ne se manifestent, qu'elles étaient enfouies dans notre conscience. Ces émotions vont de la joie profonde à la perturbation grave. Cependant, je rappelle que, peu importe ce qu'une personne éveille en nous, cela nous appartient. Ce qui m'amène à trois autres points importants. Mieux vous comprendrez le lien secret qui les unit, meilleur sera votre accès à un nouvel ordre d'amour qu'aucune tempête ne peut détruire.

1. Tous ceux qu'on rencontre dans l'existence ont un rôle précis à jouer dans la manière dont on se perçoit soi-même. C'est leur rôle, tout comme c'est le nôtre de leur rendre la pareille. Toutefois, ils ne sont nullement responsables des réactions négatives qu'on éprouve vis-à-vis de soi-même quand on se trouve en leur compagnie.
2. D'un autre côté, cela ne signifie pas qu'on doive excuser une personne qui se comporterait de manière inacceptable avec nous. Seulement, il ne nous appartient pas de montrer à une personne qu'elle est dans l'erreur. Ce qui nous amène au troisième et dernier point.
3. Si nous souhaitons découvrir une forme d'amour supérieur – le seul qui puisse permettre de transcender les différences qui séparent deux partenaires –, nous devons voir comme une erreur notre propension à critiquer l'autre.

Revoyons et résumons ce que nous avons appris jusqu'à présent. Quand on regarde quelqu'un, qui que ce soit, y compris une personne qu'on aime, par le biais d'une réaction négative, que regarde-t-on d'autre que ce qu'on ne souhaite pas voir en soi ? L'explication suivante contribuera à jeter un peu plus de lumière sur ces deux derniers points importants :

1. Les réactions négatives ne savent pas aimer. Elles n'ont d'autre plaisir que de se placer en porte-à-faux contre quelqu'un ou quelque chose, de s'opposer à la vie.
2. Alors que les réactions négatives n'ont aucun mal à trouver quelqu'un ou quelque chose à qui reprocher leur présence pénible en nous, elles sont incapables de voir que, tout comme une moufette qui se demanderait d'où vient cette odeur nauséabonde, la souffrance qu'elles

reprochent à autrui résulte du fait qu'elles se trouvent en la triste compagnie d'elles-mêmes.

Ainsi, quand abondent dans notre esprit les raisons de ne pas aimer quelqu'un – et que le cœur éprouve la même aversion –, le résultat est pratiquement inévitable : pouvons-nous vraiment nous attendre à voir autre chose dans les yeux de notre partenaire que ce même ressentiment ou rejet qu'il perçoit dans les nôtres ? En d'autres mots, ce qu'il voit dans notre œil, c'est la conclusion unilatérale voulant qu'il est responsable de notre souffrance.

Cela devrait nous aider à comprendre pourquoi, dans le feu d'une querelle avec un proche, on ne voit dans ses yeux ni amour ni compréhension. C'est que cette personne ne voit dans les nôtres ni l'un ni l'autre.

Nous désirons, en fait, nous demandons secrètement, que notre vis-à-vis – membre de la famille, ami ou amoureux – comprenne ce que l'on ressent et pourquoi, sans jamais avoir à le lui dire ! Nous espérons qu'il/elle marche à nos côtés, voie la vie comme nous la voyons et tolère nos sautes d'humeur sans poser de questions. Tandis que, de notre côté, nous ne nous demandons pratiquement jamais à quoi cela ressemble d'être à l'autre bout de la relation, ce que notre partenaire voit dans nos yeux que nous ne pouvons pas encore voir nous-mêmes.

Tant que nous ne comprendrons pas ce que les autres voient – et ressentent – en notre compagnie, et vice-versa bien sûr, nous resterons dans une relation unilatérale qui se dirige droit sur un mur !

Se mettre à la place de son partenaire

Un vieux proverbe qui nous vient des Cherokee affirme : « Ne jugez pas un homme tant que vous n'aurez pas chaussé ses mocassins et marché un kilomètre. »

Harper Lee, auteure américaine connue, a repris cette idée dans le livre *Ne tirez pas sur l'oiseau moqueur,* dont le film *Du silence et des ombres,* mettant en vedette Gregory Peck, est une adaptation : « Tu ne comprendras jamais l'autre personne tant que tu n'envisageras pas la situation de son point de vue, tant que tu ne te glisseras pas dans sa peau et que tu n'essaieras pas de te mettre à sa place. »

Je pense que nous sommes tous d'accord pour dire que l'essence de cette perle de sagesse remonte à bien plus loin, à des milliers d'années quand, lors du sermon sur la montagne, le Christ dit devant les foules qui étaient venues l'écouter: « Toutes les choses que vous désirez que les hommes vous fassent, faites-les-leur aussi de même[4]. »

On peut certainement voir ce qu'il y a de bon dans ce principe intemporel. Il est apparu sous une forme ou une autre à travers les époques et à de nombreux endroits sur la planète.

Avant le Christ, la loi mosaïque commandait: « Ne fais pas à autrui ce que tu ne voudrais pas qu'on te fasse[5]. »

À quelques nuances près, le Bouddha enseignait la même chose à ses moines[6], de même que Confucius[7].

Personne ne nierait que cet idéal constitue le fondement de la bienveillance humaine. Par conséquent, notre tâche consiste à nous demander comment incarner ce principe, particulièrement quand on est en plein milieu d'une dispute avec l'être cher, alors même qu'on a la certitude qu'il a tort.

Ce qui suit s'exprime en termes simples, mais je peux vous assurer qu'il n'y a pas grand-chose dans l'existence qui soit aussi difficile à accomplir: avant de découvrir ce que cela signifie que de se mettre à la place de son partenaire, encore faut-il souhaiter le faire.

En d'autres mots, on doit accepter – en pleine dispute – de se voir du point de vue de l'autre.

Il ne s'agit pas d'imaginer comment il/elle se sent en notre compagnie ou de prétendre voir son côté des choses afin de gagner une paix temporaire. Ce serait malhonnête d'un point

---

4. Matthieu 7,12, La Sainte Bible, traduction de Louis Segond.
5. La loi mosaïque, Torah.
6. Udanavarga, 5.8.
7. Entretiens de Confucius.

de vue spirituel, l'opposé de ce que l'on cherche à être. Plutôt, on doit déployer des efforts honnêtes – par l'entremise d'un changement délibéré de nos perceptions – pour voir et ressentir du mieux possible le genre d'énergie qu'on manifeste à ce moment-là.

De cette manière, non seulement a-t-on un aperçu de ce que notre partenaire voit, mais on peut aussi se rendre compte à quel point on était unilatéral quand, avant d'opérer ce changement de perception, on ne savait que tenir notre partenaire responsable de notre souffrance.

Si vous aviez la possibilité de choisir entre les deux situations décrites ci-dessous, laquelle vous semblerait la plus prometteuse ? Vous quereller avec votre partenaire pour ensuite vous réconcilier, encore et encore, jusqu'à ce qu'il ne subsiste que les restes froids d'une souffrance irrésolue..., ou plutôt, apprendre à transformer cette rencontre désagréable en une toute nouvelle compréhension, qui puisse à la fois illuminer et désarmer les différences qui existent entre vous avant qu'elles ne s'intensifient et ne se transforment en un désaccord pénible où personne ne gagne ?

Nous sommes sur le point de découvrir l'un des grands secrets de la magie relationnelle. Nous sommes sur le point d'apprendre comment entrer en contact avec une forme supérieure d'amour qui agira toujours en notre faveur, peu importe que notre partenaire souhaite ou non partager avec nous la magie qu'il recèle.

QUESTIONS ET RÉPONSES UTILES

Question : Je ne comprends pas ! Honnêtement, comment une meilleure compréhension de moi-même m'empêcherait de réagir négativement, comme je le fais chaque fois que mon mari fait quelque chose de stupide, particulièrement tel comportement qui me rend littéralement folle ?

Réponse : La prochaine fois que vous aurez le réflexe de vous en prendre à votre mari pour une erreur qu'il a commise, essayez ceci : au lieu de laisser votre esprit évoquer inconsciemment toutes les bonnes raisons que vous avez de vous opposer à lui à ce moment-là, faites de votre mieux pour vous rappeler où et quand vous avez commis une erreur semblable. En décidant consciemment de vous rappeler ce que vous avez en commun avec votre partenaire en pareille situation, non seulement désarmez-vous la partie de vous-même qui est prête à bondir sur sa proie, mais à ce degré d'honnêteté, vous dissiperez également l'illusion des différences qui, dans votre esprit, existent entre vous pour la remplacer par une considération compatissante née de la sagesse et de l'amour.

Question : J'espère que vous m'aiderez à comprendre pourquoi je n'arrive pas à me débarrasser d'un certain ressentiment que j'éprouve envers mon partenaire. D'un côté, je souhaite y renoncer parce que je sais que ce n'est bon ni pour l'un ni pour l'autre, mais, malgré tous mes efforts, je n'y arrive tout simplement pas. Pourquoi donc ?

Réponse : Étant donné l'honnêteté avec laquelle vous posez cette question, voyez si l'explication suivante éclaire votre situation : une partie de vous semble vraiment vouloir se défaire de cette chancune. Il est évident que vous voyez la nécessité d'un tel changement. Mais si vous souhaitez vous libérer de votre négativité, vous devez vous rendre compte que, pour l'instant, la plus grande partie de vous-même n'y est pas disposée. Plus vous serez en mesure de reconnaître ce fait plutôt bouleversant – c'est-à-dire que votre nature inférieure adore souligner chez autrui ce qu'elle prétend justement ne pas souhaiter voir –, plus tôt vous aurez la force nécessaire pour lâcher prise, pour renoncer tant à l'amertume qu'à la nature inconsciente qui s'y accroche avec une telle ténacité.

LEÇONS CLÉS

1. Dans la plupart des cas, quand on s'en prend à autrui, ce n'est pas par désir de faire souffrir, mais parce qu'on craint d'être blessé dans ses sentiments. Reconnaître cela, c'est se rendre compte que le véritable ennemi dans la relation, c'est la peur ; cet état sombre qui réside dans un cœur peu éclairé sait que la meilleure façon de se protéger consiste à être le premier à s'en prendre à l'autre.
2. Il n'y a qu'une seule raison pour que surgissent les émotions négatives avec son partenaire, voire pour qu'on accepte de s'identifier à son étreinte sombre et débilitante : c'est qu'on a oublié que, à tout moment, on peut choisir ce que l'on aime et en compagnie de qui l'on désire être.
3. Toute partie de soi, toute pensée ou tout sentiment, qui pousse à dire à son partenaire : « Tu vois bien que j'avais raison ! »... est dans l'erreur et trompe les deux partenaires.

Chapitre 4

Assumer la pleine responsabilité de ses relations

J'ai donné précédemment un aperçu des concepts nouveaux qui vont suivre. Un résumé rapide permettra d'accéder plus rapidement à cette autre partie de notre étude.

Nous avons appris que la véritable cause de nos réactions négatives envers autrui n'est pas nécessairement liée aux gestes qu'il/elle fait, ou non, à notre endroit. La véritable source de notre ressentiment ou de nos déceptions – l'épine dans notre pied –, c'est une exigence inconsciente de notre part vis-à-vis de toutes nos relations.

Ces attentes qu'on impose à ses amis, aux membres de sa famille et à l'être cher sont telles qu'il est impossible d'y répondre. En passant, ce ne sont pas seulement les personnes que nous connaissons qui ont le pouvoir de provoquer en nous ces réactions.

Par exemple, vous avez certainement déjà vécu la situation suivante: dans un café ou en voiture à l'arrêt d'un feu rouge, la vue d'une personne en vis-à-vis suscite chez vous un malaise immédiat. Ce peut être dans la manière dont cet homme marche, le menton avancé, montrant qu'il est aigri; ou encore, celle dont une femme rejette la tête en arrière, lançant ses cheveux sur un côté avec la plus grande nonchalance. Ou encore, cette scène familière: à une fête, vous êtes assis en face de quelqu'un que vous n'avez jamais rencontré. Avant même de lui être présenté, vous savez que vous ne l'aimez pas du tout.

Voici l'explication de ce genre de réaction négative qui se manifeste sans raison apparente.

Nos études révèlent que chacun de nous a un rôle à jouer dans le plan d'ensemble de la création. Nous savons que des forces intemporelles de toute nature ne cessent jamais de nous « toucher », se faufilant littéralement à l'intérieur et à l'extérieur de notre être à tout moment. C'est ce qui fait de nous un partenaire dans la « danse cosmique » du yin et du yang, un instrument des énergies active et passive en changement constant, si bien qu'à un moment, nous sommes attirés par quelqu'un et désirons mieux le ou la connaître et, l'instant d'après, nous ne souhaitons que nous en éloigner!

En d'autres termes, quand on accueille en soi ces forces célestes, on les émet en même temps. Penchons-nous sur ce dernier concept important. D'abord, cela signifie non seulement qu'on est soi-même directement impliqué dans l'interaction de ces forces invisibles en soi, mais qu'elles ont également leur propre relation dont nous ne connaissons que très peu les effets. Quoi qu'il en soit, leur interaction peut se manifester en nous sous la forme d'émotions soudaines qui apparaissent « sans aucune raison ». Quand c'est le cas, on dit qu'on a « ses humeurs ».

Compte tenu de ces découvertes, la question qui se pose à nous est la suivante: nos relations doivent-elles être définies par l'interaction de ces forces intérieures qui se jouent dans les profondeurs de notre être? Doit-on se laisser entraîner dans une querelle avec son partenaire ou quiconque simplement parce qu'on ressent une certaine pression interne indiquant qu'il ou elle est responsable du stress qu'on subit? La réponse est non.

Le pouvoir de choisir la relation qu'on désire vraiment

Ce qu'on a appris à propos de la relation qu'on entretient avec les forces célestes – dont les interactions incessantes ont un effet direct sur la manière dont on considère et ressent toutes nos relations – nous mène à cet élément très important : ces forces sont aveugles, elles ne savent rien d'elles-mêmes, rien de leur nature propre, rien de ce que leurs interactions suscitent et, enfin, de par leur essence, elles ne se soucient de rien de tout cela.

Pourtant, bien qu'elles soient aveugles – et peut-être, sous leur influence, le sommes-nous aussi dans certaines situations –, tout cela peut se transformer si on apprend à les voir. Non seulement peut-on prendre conscience du rôle qu'elles jouent en nous mais, à la lumière de cette conscience, on aura autorité sur elles. Voyons un exemple de la manière dont cette conscience supérieure peut agir de sorte qu'on puisse assumer l'entière responsabilité de toute relation problématique.

Imaginez un instant que vous faites la file à la caisse de l'épicerie. Soudainement, un homme de forte carrure vous marche sur le pied. Des vagues d'énergie négative vous assaillent, accompagnées d'une colère fort justifiable prête à déferler sur ce personnage indélicat. Puis, au moment où vous alliez l'invectiver vertement, vous voyez une chose qui transforme entièrement votre réaction : il porte une canne à bout rouge. Évidemment, c'est un malvoyant, ce qui signifie qu'il n'avait pas l'intention de vous blesser ; il ne voyait tout simplement pas où il mettait le pied.

Votre prise de conscience ne fait pas disparaître la douleur, mais elle vous permet de voir clair, puis d'abandonner ce qui était, un instant auparavant, une réaction de reproche. Pourquoi ? Parce que vous êtes en mesure de voir les deux côtés de la chose au même moment. Cette conscience nouvelle et supérieure de la situation vous permet de prendre la bonne décision pour vous comme pour l'autre.

Voyons maintenant comment les choses se passeraient dans une situation semblable où, cette fois, vous auriez l'impression que quelqu'un cherche vraiment à vous blesser. Aussi étonnant que cela puisse vous paraître – du moins pour l'instant –, personne ne cherche à vous nuire.

Je peux presque vous entendre dire : « Une minute ! Vous ne savez pas comment mon partenaire me traite, ni que mon superviseur ou mes collègues de travail ne manquent jamais une occasion de me critiquer, annihilant délibérément mes espoirs. »

Je ne dis pas que les gens ne sont pas cruels, ni qu'on devrait fermer les yeux sur ce genre de comportement ou, pire encore, l'accepter au prix de la relation. Ce serait une erreur tout aussi grande que de reprocher sa propre souffrance à autrui. Cependant, quand on fait face à une relation difficile, ne peut-on vraiment envisager que ces deux possibilités, à savoir s'en prendre violemment à l'autre ou le laisser s'en prendre à soi ?

L'expérience montre qu'aucune de ces deux attitudes n'apporte jamais de changement positif dans les relations, mais au moins on sait pourquoi : nous ne faisons pas consciemment le choix d'adopter l'une de ces attitudes. Cette décision est prise à notre place chaque fois qu'on colle le « je » à cette résistance immédiate qu'on éprouve quand quelqu'un, qui que ce soit, s'oppose à nos désirs. Examinons ces deux derniers concepts en les illustrant au moyen d'un exemple probablement assez répandu.

Pouvez-vous imaginer une dispute qui ne commence pas par ce genre d'affirmation : « C'est ce que je veux, point à la ligne ! » ? Puis, quand ce qu'on désire ne correspond pas au souhait de notre partenaire, la bataille est engagée. Ce n'est là que le début ! L'assaut étant lancé par l'un, il ne reste à l'autre que deux possibilités : répondre à ses demandes et mettre ainsi fin à la dispute de sorte que la vie continue normalement ou, comme c'est généralement le cas, refuser d'y accéder, ce qui ne fait qu'accroître la tension.

Quand les choses s'enveniment, ce qui se produit lorsque deux volontés se confrontent, on ne voit plus que les torts de son partenaire. Les deux s'opposent pour la même raison. Mais la chose invisible dans ce cas, la véritable force motrice derrière la dispute, c'est l'aveuglement momentané des deux partenaires ; dans l'état d'agitation où chacun se trouve, l'autre est forcément perçu comme responsable de la souffrance de l'un, ce qui revient au même que de ne voir qu'un côté des choses.

Un éclairage particulier permettant de mettre fin à toute querelle

Considérons maintenant ces mêmes principes d'un point de vue légèrement différent. Quand on se querelle avec quelqu'un, comme on peut le voir dans tout match de lutte, chacun cherche à avoir le dessus sur l'autre. Mais voilà le hic : quand on cherche à être plus puissant que l'autre, tout ce qu'on réussit à faire, c'est renforcer ce même désir chez lui. On connaît la chanson : ce qui a débuté comme un bon vieux désaccord se transforme rapidement en une violente querelle qui s'éternise.

Voilà qui nous amène au point principal de cette partie de notre étude : nous n'avons pas besoin d'un pouvoir plus grand ; ce qu'il nous faut, c'est la volonté de refuser de se laisser réduire à l'impuissance. Prenons un moment pour réfléchir à ce concept inhabituel, histoire de voir ce qui arrive quand on considère son partenaire du point de vue de ces forces aveugles.

Lors d'une dispute, quel qu'en soit l'objet, on regarde l'autre et on « voit » – presque par magie – ce qui ne va pas chez lui. On est tellement certain de connaître la nature de son problème qu'on peut difficilement se rendre compte que l'autre nous regarde exactement sous le même jour, à la même lumière, laquelle n'en est pas une, d'ailleurs. Les réactions négatives n'ont aucune conscience d'elles-mêmes ; elles ne portent en elles aucune lumière, pas plus qu'une bombe n'éprouve la moindre compassion pour ceux qu'elle écrase et détruit.

Dans ces moments-là, nous avons besoin de l'éclairage d'une nouvelle compréhension. Nous devons nous éveiller à une conscience supérieure nous permettant de reconnaître deux choses simultanément : d'abord, tout comme soi-même, l'autre éprouve de la souffrance et a le réflexe de chercher quelqu'un à qui reprocher celle-ci. En d'autres mots, les mêmes forces négatives sont à l'œuvre chez les deux partenaires. Ensuite, ce n'est pas parce que ces forces contraires sont aveugles qu'on devrait l'être nous aussi. Plus on s'éveille à leur présence et découvre que, lorsqu'elles passent inaperçues, elles sèment la discorde entre nous, plus on est libre d'aimer sans limite.

Résumons nos découvertes jusqu'à présent. Quand, dans un état négatif, on s'engage dans une lutte de pouvoir avec son partenaire à propos d'une quelconque pomme de discorde, on n'est en fait guère plus qu'une marionnette. Nous sommes littéralement soulevés – momentanément animés – par des forces invisibles qui agissent en nous d'une seule manière, c'est-à-dire en s'opposant automatiquement à ce qui semble s'opposer à elles.

Je reconnais que cette dernière image n'est pas très flatteuse, mais soyons honnêtes, l'expérience le prouve. Chaque fois qu'on se laisse entraîner dans une querelle, c'est exactement comme si quelqu'un éteignait les lumières. Tout ce qu'on peut « voir » dans cette obscurité qui nous enveloppe lentement, c'est une personne qu'on se croit dans l'obligation de transformer, de contrôler ou de culpabiliser pour le « mal » qu'elle nous a fait, même si, de son côté, elle entretient la même croyance.

Le conflit dans ces luttes émotionnelles est l'essence du chagrin ; il ne nous mène nulle part. Si c'est vrai, et nous savons que ce l'est, que nous reste-t-il ? D'où viendra cette nouvelle lumière dont on a besoin quand on se trouve au cœur de ces ténèbres, puisqu'on sait, c'est évident désormais, qu'on ne peut illuminer son partenaire ?

En supposant que nous sommes d'accord sur cette dernière révélation – à savoir qu'il n'est pas en notre pouvoir d'illuminer notre partenaire –, il ne nous reste à faire qu'une chose, dont la simplicité constitue à la fois la beauté et la puissance : si nous espérons voir la moindre transformation réelle dans nos relations – qu'il s'agisse de membres de la famille, d'amis ou de son partenaire dans la vie –, c'est à nous qu'il revient d'être illuminé.

La bienveillance, la patience, l'amour qu'on recherche chez l'autre doivent s'installer d'abord en soi, même si l'autre rejette toute tentative de conciliation.

Difficile ? Sans aucun doute – peut-être plus que tout ce qu'on a jamais tenté auparavant. Enrichissant ? Voyons en quoi cela consiste et vous déciderez ensuite.

Si, plutôt que de laisser ces forces aveugles vous monter contre votre partenaire, vous appreniez à vous en servir ? Si même un soupçon de la pression qu'elles exercent contribuait à vous éveiller à leur présence et, en même temps, vous donnait le pouvoir de vous écarter de leur influence débilitante ? Ce serait comme si vous possédiez un « réveille-matin » spirituel se déclenchant juste avant que vous ne lanciez des reproches à votre partenaire ou ne manifestiez votre ressentiment ; un système d'alarme silencieux mais évident qui vous révélerait ces parties invisibles de votre conscience qui tendent automatiquement à s'opposer à toute situation indésirable, et à vous en libérer.

Découvrir son moi bienveillant, aux « petits soins intensifs »

Nous pouvons résumer tout ce que nous avons appris jusqu'à présent sous la forme d'un exercice. Cependant, il se trouve que la meilleure manière de transmettre cette dernière leçon consiste en un jeu de mots dont, je le crois, vous comprendrez rapidement l'objectif.

À l'hôpital, l'USI (unité de soins intensifs) accueille les personnes grièvement blessées ou qui contractent une maladie grave et dont l'état nécessite des soins continus. Même si on ne s'est jamais personnellement retrouvé là, il y a de fortes chances qu'on ait connu quelqu'un à qui c'est arrivé.

En gardant cela à l'esprit, imaginons les situations suivantes (quoiqu'elles soient nettement moins dramatiques) : vous avez passé une journée « traumatisante » au travail ou à la maison, à éplucher la pile de factures à payer, ou encore vous avez eu une prise de bec avec un ami, ce qui vous a abattu, démoli, etc. À ces moments-là, ne souhaitez-vous pas que votre partenaire vous prodigue des « soins intensifs » ? Bien sûr. Quand on a mal, on désire être consolé, réconforté ou, au moins, autorisé à épancher sa bile.

En règle générale, on n'est pas conscient de ces besoins non formulés, du moins jusqu'au moment où notre partenaire omet de nous prodiguer les soins attendus. On perçoit alors son incapacité à le faire comme de l'indifférence devant notre souffrance. Cependant, ce qui suit permet de voir que ce regard qu'on porte sur lui/elle est loin de faire le tour de la question. Après tout, notre partenaire – qui a probablement eu lui/elle aussi quelques problèmes à régler durant la journée – s'attend à recevoir le même genre de « soins intensifs ». Il en résulte une confrontation au cours de laquelle chacun reproche à l'autre son insensibilité.

Pour en finir avec cet interminable jeu de « c'est la faute à l'autre », on doit élever son niveau et apprendre à discerner les forces inconscientes qui font tourner cette roue de l'infortune.

Dès qu'on sent venir une querelle, on doit s'engager à devenir une sorte de porteur ou porteuse de flambeau. En d'autres mots, on doit comprendre que ce qui nous pousse vers une autre dispute, c'est strictement notre aveuglement temporaire, la certitude que notre partenaire est la cause de notre malheur.

En comprenant ce qui se passe vraiment, on réagira d'une toute nouvelle manière. Si l'on peut voir que la véritable cause du conflit réside dans cet aveuglement, alors on a le remède sous la main. Ce qui m'amène à reprendre le petit jeu de mots que j'ai présenté plus haut.

Plutôt que de se laisser entraîner dans une lutte inconsciente acharnée au cours de laquelle tout ce que chacun perçoit, c'est que l'autre le/la prive des « soins intensifs » qu'il/elle désire recevoir, servons-nous de la conscience de cette querelle entre des forces contraires pour lâcher prise et faire quelque chose d'entièrement nouveau, à savoir la pratique du JMVMM, ou le « je me vois moi-même ».

Comme nous le verrons bientôt, cette petite phrase, « je me vois moi-même », décrit un geste unique qui a le pouvoir de changer le cœur de quiconque veut bien l'effectuer. Avant de nous pencher sur cet exercice, étudions de plus près ce que signifie « se voir soi-même » tel que l'on est, particulièrement quand on estime que notre partenaire n'a pas répondu à nos besoins.

Disons d'abord qu'il est impossible de se voir soi-même, tel que l'on est, quand tout ce qu'on remarque, c'est la personne devant soi à qui on reproche l'émotion douloureuse qu'on porte en soi. Le fait est que, en pleine dispute, on ne peut rien voir de soi-même, et ce, malgré le fait qu'on se trouve en présence d'une personne qu'on aime.

On ne voit pas ses propres yeux qui lancent des éclairs, obnubilé que l'on est par les étincelles qu'on aperçoit dans ceux de l'autre. On n'entend pas son propre ton de reproche, qui est noyé par ces voix intérieures qui s'attachent à justifier la colère, la déception, le ressentiment ou tout autre sentiment semblable.

Enfin, on n'a pour ainsi dire aucune conscience de la pression qui s'accumule en nous, hébétés que nous sommes par le tambourinage incessant de ces forces inconscientes qui cherchent chez le partenaire la cause de notre propre agitation, et qui finissent toujours par la trouver.

Apprendre à se voir soi-même du point de vue de la personne qu'on aime

Ce qui vient d'être expliqué ci-dessus devrait nous permettre de comprendre à quel point il est important de rester aussi conscient que possible lors d'une dispute avec notre partenaire. On doit rester entièrement présent à ce qui se présentera à nous et à ce qui sortira de nous – non seulement aux pensées et émotions qui nous traversent, mais également au genre d'énergie qui, on en a l'intuition, est responsable de leur apparition.

Voyons pourquoi notre bonne volonté à entrer dans cet espace de guérison qu'est le JMVMM nous donne le pouvoir, sur-le-champ, de faire naître une nouvelle relation de plus haut niveau avec notre partenaire, en commençant par cette affirmation :

« Me voir comme je suis vraiment me permet de voir en même temps que toi ce que tu vois. »

Je vais formuler la chose autrement afin de vous en présenter un angle légèrement différent. Vous êtes-vous déjà interrompu brusquement en plein milieu d'une dispute pour vous demander comment l'autre vous percevait à ce moment-là ?

Peut-être vous demandez-vous pourquoi diable voudrait-on savoir une chose semblable.

Parce que tant qu'on ne verra pas ce qu'on « donne » vraiment à son partenaire dans un moment comme celui-là, on ne comprendra jamais pourquoi il/elle a souvent le sentiment d'être malmené(e) en notre présence. Voyons ce qui se passe en coulisse durant ces affrontements et ce qu'on « donne » à notre partenaire qui fait qu'il/elle souhaite nous repousser.

Extérieurement, on se montre peut-être chaleureux et bienveillant mais, intérieurement, on se sent comme un feu sous contrôle.

Extérieurement, on peut se montrer extrêmement prudent dans le choix de ses mots afin de laisser croire qu'on est patient, disposé à écouter, mais intérieurement, on bout littéralement.

Alors qu'on s'identifie au rôle positif qu'on joue, satisfait de se voir à la lumière de ce rôle, notre partenaire ne nous voit assurément pas de la même manière. Ce qu'il/elle perçoit à ce moment-là, c'est une énergie négative qui émane de notre personne et qu'on n'arrive pas à dissimuler. Et tandis qu'elle se déverse sur lui/elle, son réflexe consiste à la repousser. Dans ce scénario, la seule chose qui change, ce sont les noms de la personne qui pousse et de celle qui repousse… jusqu'à ce que les rôles s'inversent en cours de route. En réalité, rien ne changera entre les deux partenaires tant que chacun s'accrochera à une position qui n'existe que dans son opposition inconsciente à l'autre.

Votre détermination à réfléchir aux deux questions suivantes contribuera à jeter de la lumière sur ce dernier point.

- La déception que j'éprouve à ton endroit existe-t-elle en dehors de ce que j'attends de toi ? (Indice : Bien sûr que non !)
- Le ressentiment que j'éprouve parce que tu ne chantes pas mes louanges existe-t-il en dehors du fait que je me suis cru(e) digne de louanges ?

Il devrait être évident que ce qui nous semble blessant de la part de notre partenaire ne l'est que parce que cela touche quelque chose en soi qui s'attend à être blessé.

Ce qui explique pourquoi la pratique du JMVMM s'impose à quiconque souhaite entretenir une relation ouverte et saine. La décision consciente de se voir soi-même tel qu'on est au beau milieu d'une querelle a le don de nous transformer et, en retour, de transformer entièrement la situation.

Rappelons toutefois que le travail de conscience requis pour se voir tel que l'on est, particulièrement à la suite d'une prise de bec avec son partenaire, n'est pas chose facile et qu'il ne faudrait par le minimiser.

Il y a quelque chose d'à la fois chaleureux et vague dans le concept du JMVMM, du moins jusqu'à ce que notre partenaire remette en question notre point de vue sur la manière dont les choses devraient se dérouler. Ainsi, quand vient le temps de se voir tel qu'on est plutôt que d'essayer de changer ce qui nous paraît répréhensible chez notre partenaire, le risque est grand de retomber dans l'habituel petit jeu des reproches. C'est parfait, et voici pourquoi.

La capacité à observer ne serait-ce qu'une infime partie de nos réactions négatives – et de reconnaître sur-le-champ que cette force contraire n'est pas soi – est le signe de l'éveil d'un niveau de conscience supérieur. L'union de la lumière émanant de cette conscience et de la volonté que vous manifestez à vous voir vous-même, tel que vous êtes, a une conséquence improbable : elle vous libère de vous-même. Pour la première fois, vous arrivez à vous préserver de l'influence négative de ces forces inconscientes, ce qui vous permet d'aimer votre partenaire comme vous l'avez toujours désiré, c'est-à-dire inconditionnellement.

Ne tardons pas à commencer notre exercice ; chaque moment est le bon pour se voir tel que l'on est, quel que soit le « partenaire » de l'heure.

Il s'agit peut-être de cette personne devant vous qui fait la queue et qui se plaint de la lenteur des choses. Il n'y a pas meilleure occasion pour pratiquer le JMVMM que quand une partie de soi s'en prend inconsciemment à une personne impatiente. Même chose pour cette situation où, sur l'autoroute, vous suivez un conducteur d'une lenteur exaspérante. Pratiquez le JMVMM et freinez cette partie de vous-même qui est toujours à la hâte et s'oppose à quiconque se trouve sur son chemin.

Si possible, pratiquez cet exercice intérieur partout où vous allez ; vous découvrirez alors que vous atteignez un niveau supérieur qui ne tolère pas qu'on se retourne contre quelqu'un, encore moins contre la personne qu'on aime. Vous connaissez sûrement le proverbe : « C'est en forgeant qu'on devient forgeron. » Se voir tel qu'on est, c'est l'amour à l'œuvre, car cela consiste à illuminer consciemment ces niveaux inférieurs inconscients qui se mettent en travers de tout ce qui est aimant, bienveillant et compatissant.

Puisqu'il est question d'illuminer ces niveaux inférieurs incapables d'aimer, voici une autre réflexion dont l'importance ne devrait pas être sous-estimée.

Cette nature inconsciente – et les forces contraires qui entretiennent la discorde entre vous et votre partenaire – ne souhaite pas être éclairée par la lumière de la conscience de soi supérieure qui se manifeste quand on se voit tel que l'on est. Elle vit dans la partie obscure de notre être et souhaite y rester. Dans ce but, et histoire de s'assurer que la lumière ne pénètre pas dans sa tanière et ne révèle pas ses opérations clandestines, elle use de diverses stratégies, dont celle-ci, qu'elle privilégie : chaque fois que nous entrevoyons un bref instant son caractère sombre, elle cherche aussitôt à retourner la situation en nous incitant à porter un jugement sur nous-mêmes !

Nous avons, pour la plupart, une certaine compréhension de cet enseignement intemporel : « Ne juge pas, de crainte d'être jugé[8]. » On peut dire qu'on entrevoit désormais son sens profond : se laisser duper au point de se juger soi-même pour avoir aperçu les ombres tapies dans son for intérieur, voilà comment ces parties obscures de soi-même réussissent à rester dans le noir, hors de vue. La seule chose qu'il faut savoir pour désarmer cette nature trompeuse, c'est qu'il n'existe rien de tel qu'un fait mauvais vous concernant. Chercher à vous convaincre du contraire ou à vous malmener pour ce qu'il vous a été donné de voir constitue un geste désespéré destiné à détourner votre attention.

QUESTIONS ET RÉPONSES UTILES

Question : Mon mari fait des choses qui me mettent vraiment en colère. Êtes-vous en train de me dire que c'est mal de ma part de lui dire ce que je ressens ?

Réponse : Bien sûr que non. Ça peut sembler subtil, mais il y a une grande différence entre le fait de soulever un problème qu'on a avec son partenaire et celui de l'attaquer pour la souffrance qu'on lui reproche de nous causer. En d'autres mots, ce n'est pas tant ce que vous dites, mais plutôt « qui », quelle partie de vous, parle en votre nom à ce moment-là. Voici une bonne manière de vous assurer que vous choisissez le bon moment pour discuter avec votre partenaire d'un problème qui couve entre vous : attendez

8. Matthieu 7,1, La Sainte Bible, traduction de Louis Segond.

patiemment – même si cela prend vingt-quatre heures – que se taise la partie de vous qui se sent poussée à faire des reproches ou à se plaindre. En suivant cette consigne, vous prendrez conscience de votre état négatif plutôt que de lui servir d'instrument inconscient.

Question : Mon épouse est colérique et c'est un véritable problème. Franchement, elle aime se disputer. J'ai beau pratiquer le détachement, elle finit toujours par m'entraîner dans une dispute à propos de tout et de rien. Que puis-je faire ? Comment puis-je l'amener à voir comment elle malmène notre relation ?

Réponse : Reprocher à quelqu'un sa colère parce qu'on est incapable de rester au-dessus de son influence négative, c'est comme en vouloir à un nuage chargé de pluie de nous détremper alors qu'on s'est placé volontairement sur son chemin. La seule chose qui peut nous entraîner dans une querelle avec notre partenaire, qu'il/elle ait l'intention ou non de se disputer, c'est cette partie obscure de soi qui attend secrètement une bonne bataille. Si vous désirez vraiment cesser de vous quereller et, du coup, vous libérer tous les deux, prenez la décision, ici et maintenant, comme si votre vie en dépendait, de refuser de grimper dans l'arène la prochaine fois qu'elle voudra se bagarrer, et ce, quelle que soit la raison avancée. Plus vous saurez reconnaître ces parties de vous-même qui se laissent si facilement entraîner dans une querelle, plus vous aurez de certitudes quant à la personne que vous avez choisi de ne plus être. Si vous parvenez à rester en dehors de l'arène, avec qui votre femme pourrait-elle bien se battre ? Sans adversaire, elle sera en mesure de voir – et, espérons-le, de faire taire – ces mêmes parties d'elle-même que vous avez reconnues en vous. La paix s'installera dans votre foyer.

LEÇONS CLÉS

1. Nos relations, particulièrement celles qui concernent les êtres chers, n'existent que dans un but admirable, qui

s'exprime de deux manières. Premièrement, notre partenaire – époux, amoureux ou même prétendant – est apparu dans notre existence dans le but de nous aider à croître, de nous fournir les conditions particulières dont nous avons besoin pour devenir cette personne meilleure, plus vraie qu'il/elle voit en nous et qui ne demande qu'à se révéler. Quant à l'autre partie, tout aussi importante, sans laquelle la première ne peut se réaliser, elle va comme suit : notre partenaire est également entré dans notre vie pour nous aider à voir tout ce qui, en nous, constitue un obstacle à la réalisation de ce même état supérieur.

2. On a le sentiment que l'irritation qu'on éprouve à être émotionnellement blessé par notre partenaire prouve qu'on sait comment il devrait nous traiter. Mais, en y regardant de près, si on sait vraiment ce qu'est la bienveillance envers autrui, pourquoi faisons-nous preuve de si peu de bienveillance envers nous-mêmes ? Pourquoi restons-nous dans cet état négatif qui ne se soucie de rien ni de personne ? Cet état ne se soucie même pas de lui-même.
3. Nulle personne, nul événement en particulier n'est la cause unique de ce que nous considérons comme perturbant, pas plus qu'un miroir n'est responsable de nous montrer une image qu'on préférerait ne pas voir.

Chapitre 5
Comment recommencer à zéro

Vous rappelez-vous la première fois où vous êtes tombé amoureux ou en avez senti la possibilité ? En un rien de temps, vous étiez inondé de sentiments nouveaux dont vous ignoriez l'ampleur ! C'était comme passer d'un monde monochrome à un arc-en-ciel dont toute la beauté se révélait dans la manière dont votre partenaire vous regardait ou vous touchait. Rien ne vous troublait, du moment que vous étiez ensemble. Vous croyiez qu'il n'y aurait jamais de fin à ce bonheur.

Puis, au fil du temps, les choses ont changé ; pas tout d'un coup, bien sûr, mais peu à peu. Son rapport décalé à l'argent ou à votre famille, que vous trouviez jadis adorable, est devenu un irritant ; son sourire entendu qui vous ravissait autrefois parce qu'elle était aussi rusée qu'un renard semble désormais vouloir remettre en cause à peu près tout ce que vous dites.

Qu'est-il arrivé ? Où est passé l'amour ?

Selon la personne qui s'exprime, la réponse peut varier, mais le résultat demeure le même : petit à petit, certains des aspects de la personnalité de votre partenaire qui vous excitaient autrefois vous donnent parfois froid dans le dos. Votre patience à l'égard de ses erreurs se transforme en reproches : vous l'accusez de vous marcher sur les pieds alors qu'ils sont déjà piétinés, enflés et douloureux au toucher. Or, comme on l'a vu, plus on reproche à son partenaire ce genre de souffrance, plus il sera porté à faire la même chose ; selon cette règle, tout ce qui peut alors changer entre vous deux, c'est l'intensité de l'opposition.

Nous connaissons tous ce genre de guerre relationnelle. Il/elle nous fait un commentaire cruel ou nous accuse à tort, ce qui a l'effet d'une bombe. On se croit alors obligé de se défendre et on l'accable d'injures. La dispute prend de l'ampleur, et le vieux comportement pénible réapparaît, alimenté par un sentiment grandissant de frustration parce que, dans ce jeu du « roi de la montagne », la seule chose qui change, c'est la personne qui se retrouve momentanément au sommet.

Se libérer d'un piège relationnel répandu

Lors d'une discussion avec un petit groupe d'étudiants au cours de laquelle nous tentions de mieux comprendre en quoi il est futile de chercher à avoir le dessus dans un combat où les deux parties sont les victimes d'un même malentendu, j'ai posé la question suivante : « Dans un conflit avec un être cher, quelle différence cela fait-il qu'on "perde" ou qu'on "gagne", puisque cela ne change rien à ces aspects invisibles de soi-même dont le but consiste à s'opposer à quiconque semble s'opposer à eux ? » La réponse a été presque unanime : si les deux personnes ont le sentiment que l'autre est la cause du conflit, rien ne peut changer sinon l'escalade des reproches. J'ai poursuivi avec le commentaire suivant : « Peu importe qu'on soit convaincu de la pertinence de porter certains de ses défauts à l'attention de son partenaire – pour son bien, naturellement –, on peut être certain que ce genre de geste ne peut que détériorer davantage la relation. »

Apparemment, ces mots ont éveillé des résonnances chez une étudiante qui, à sa manière de s'exprimer, a suscité l'intérêt de tous les autres. Tandis qu'elle parlait de son conflit avec son partenaire de longue date, chacun l'écoutait avec la plus grande attention, signe qu'elle n'était pas la seule à comprendre de quoi il s'agissait.

« Je reconnais, dit-elle, qu'il serait insensé de remettre en question ce que vous venez de décrire puisque c'est, à peu de chose près, ce qui se produit chaque fois que je me dispute avec mon copain. » Elle a fait une pause et a porté son regard au loin comme si quelque chose là-bas attirait son attention. Un moment plus tard, elle a raconté ce qu'elle venait de voir.

« À dire vrai, cela me paraît étrange de n'avoir jamais pensé à en discuter avec lui, mais il est à peu près certain qu'on ne se sent bien ni l'un ni l'autre à l'issue d'une dispute, peu importe lequel de nous deux parvient à ses fins. Et bien que je ne puisse parler en son nom, je suis certaine que s'il pouvait trouver une autre solution que de me reprocher sa souffrance, il le ferait, tout comme moi d'ailleurs. Mais nous ne voyons les dommages que nous infligeons à notre relation que quand il est trop tard. » Elle a fait de nouveau une pause, de toute évidence préoccupée par ce que ses propres réflexions avaient éveillé en elle, puis a formulé la chose suivante : « En fait, je suis en train de me demander s'il y a quelque chose qu'on peut faire pour mettre un terme à un comportement pénible qui, je m'en rends compte, est en train de nous séparer. »

Le reste de ce chapitre constitue une réponse détaillée à cette question. Il apporte également des suggestions utiles quant à la possibilité de se servir de toute situation indésirable pour transformer entièrement la relation et, à travers elle, les deux partenaires.

Imaginez un instant que vous marchez en pleine campagne dans un endroit qui était jadis parsemé de fermes. Ici et là, vous voyez les vestiges de vieilles fondations en pierres des champs. Tout à vos pensées à propos d'une époque révolue où la vie était plus simple, vous trébuchez sur une pierre.

Vous tombez alors tête la première dans un puits que cachaient des arbustes. Vous sortez la tête de l'eau glacée et prenez conscience que vous n'êtes pas blessé, mais la panique vous gagne et vous regardez autour de vous, en quête d'une issue. Cependant, seules les parois de pierre glissantes et recouvertes de mousse vous entourent.

C'est alors que la solution au problème vous apparaît clairement, comme si un ange vous l'avait soufflée à l'oreille. Vous avez regardé dans toutes les directions, sauf vers le haut. Quel soulagement ! Trente centimètres au-dessus de votre tête se trouve un vieux seau en bois attaché par une corde à la structure du puits. Vous levez le bras, agrippez le seau, grimpez, et, sans être trop amoché malgré le froid et votre embarras, vous vous extrayez de l'obscurité et retrouvez la lumière du soleil.

La première partie de cette analogie rend bien compte de ce qui se produit quand on « tombe » dans une dispute avec son partenaire. Ce peut être une réaction spontanée à des reproches ou une réaction négative à un comportement qui nous semble inacceptable chez l'autre. Le fait est que, dans une dispute, on ne peut avoir raison tant qu'on est enfermé dans l'enclos de ses anciennes réactions négatives. En revanche, juste au-dessus et à portée de la main, se trouve la nouvelle compréhension de soi qui permet de se hisser au-dessus de cette querelle et d'en sortir.

Dans le feu d'une dispute, on a le sentiment que la seule manière de survivre au conflit consiste à l'emporter sur l'autre, et on agit en conséquence. Cependant, selon le principe céleste qui gouverne tous les mondes, pour chacune de nos actions, il existe une réaction égale et contraire.

Voyons comment ce principe se manifeste dans la relation entre Paul et Marie, deux personnes qui s'aiment : Paul a le sentiment que Marie le « pousse », par exemple en lui faisant des reproches, en le critiquant ou en le jugeant. Sans y réfléchir et compte tenu de cet assaut non mérité, il la « pousse » à son tour dans le but de se défendre. Marie ressent aussitôt la pression de cette réaction négative et se sent confortée dans son attitude belliqueuse. Elle attaque de nouveau et la situation ne fait que s'envenimer.

Cette escalade est sans issue: l'ignorance de ces forces contraires rend Paul et Marie prisonniers du comportement pénible qu'ils reproduisent dans leur combat l'un contre l'autre. Ce qui nous amène à un grand mystère: si aucun aspect d'un comportement pénible ne peut changer ce dernier, comment celui-ci pourrait-il changer? La réflexion qui suit en indique l'issue: espérer apporter véritablement un changement dans un comportement affligeant avec l'être aimé sans être disposé à faire face à ce qui pourrait arriver quand on choisira délibérément de s'en extraire, c'est comme tourner en rond en se demandant pourquoi on ne va nulle part.

Soulignons qu'Albert Einstein, ce brillant physicien, en est arrivé à cette conclusion, quoique exprimée différemment: «Aucun problème ne peut être résolu sans changer le niveau de conscience qui l'a engendré.»

Éteindre l'étincelle avant que l'incendie ne se déclare

Avant d'apprendre à s'extraire du comportement pénible activé par une réaction négative envers son partenaire, on doit s'attacher à mieux en comprendre les forces sous-jacentes. En d'autres mots, on doit apprendre à voir ces moments sous un nouveau jour. Nous approfondirons cette idée inhabituelle au chapitre 8, mais les quelques réflexions suivantes constituent un bon début.

De toute évidence, on ne peut changer nos yeux, mais on peut apprendre à voir que notre compréhension d'une situation donnée est liée à ce que nous croyons en comprendre. Voici une illustration simple permettant de mieux appréhender ce concept important.

Ignorant la nature de l'ombre qui apparaît soudainement sur le mur de sa chambre en pleine nuit, l'enfant s'en effraie aussitôt. De la même manière, quand on découvre chez son partenaire un trait «effrayant», c'est-à-dire qu'on ne comprend pas tout en croyant le comprendre, on réagit de manière enfantine en cherchant à l'effacer.

Voilà qui explique pourquoi on reproduit constamment les mêmes comportements pénibles dans nos relations : chaque fois qu'un incident déclenche une réaction négative en soi, on n'a, en gros, pas d'autre choix que de le voir selon le niveau d'incompréhension qui a déclenché le conflit.

Quand on réagit négativement à un geste que l'on considère comme indésirable de la part de son partenaire, c'est comme si on cherchait à éteindre un feu en y jetant de l'huile. Cela ne permet nullement d'éteindre les flammèches de la discorde. Au contraire, cela revient littéralement à mettre le feu aux poudres et à détruire ceux qui se trouvent à proximité.

À qui souhaite mettre un terme à ce petit jeu des reproches et s'éloigner de ce sentiment pénible de devoir toujours se défendre, alors la voie est toute tracée : pour arriver à renoncer pour de bon à ces comportements, on doit dépasser le niveau de compréhension qui en est secrètement responsable.

Comprenez-moi bien : nul n'affirme qu'il est facile de renoncer aux comportements pénibles qui marquent nos relations et finissent par les détruire. Cependant, grâce à nos découvertes récentes, la chose suivante devrait aussi être claire pour vous : tant qu'on ne comprend pas la nature de ces comportements – y compris cette partie de notre nature inférieure qui en est responsable –, on y reste enchaîné.

J'admets que ce genre de concept ne passe pas facilement, mais c'est aussi le cas de certains médicaments qu'il nous faut avaler pour guérir. De fait, je me rappelle une conversation que j'ai eue avec une femme d'âge moyen qui, après m'avoir entendu dire lors d'un séminaire que tout comportement pénible nécessitait deux joueurs, voulut contester la chose.

« J'aime bien l'idée d'arriver à laisser tomber une dispute avant que ça ne tourne au vinaigre, m'a-t-elle dit, mais soyons réalistes. C'est peut-être différent pour les autres couples mais, en ce qui concerne mon partenaire et moi, notre passé est tellement chargé que nos disputes sont pour ainsi dire prédéterminées ! Comment peut-on espérer surmonter le passé après tous ces mots durs qu'on a échangés et tout le mal qu'on s'est fait ? »

« Justement, lui ai-je répondu. Notre tâche ne consiste pas à surmonter ce qui a pu se produire dans le passé, puisqu'on ne peut pas le changer, pas plus qu'on ne peut espérer ramener le lait aigre à l'état de lait frais. »

« Je ne comprends pas. Si nous ne surmontons pas nos différences, il nous reste quoi ? Par exemple, nous réussissons à éviter de retomber dans un conflit récurrent en gardant une paix relative jusqu'à ce que les choses éclatent ; nous entretenons un compromis tacite qui semble calmer suffisamment les esprits pour nous permettre de passer à autre chose. »

« Je sais qu'on dit qu'avec le temps tout s'arrange, mais l'expérience nous apprend que ce n'est généralement pas le cas des relations de couple ; ce qu'on appelle un « compromis » est essentiellement l'acceptation inconsciente que la relation est relativement problématique, dans le but d'éviter qu'elle le devienne encore plus. Cependant, ce n'est pas en enterrant nos différences qu'on se libérera de leur poids ; ce genre de solution ne dure d'ailleurs qu'un temps et devient bientôt un terrain propice au ressentiment.

« Ajoutez à cette approche bancale le fait qu'il est tout simplement impossible de chercher à surmonter quelque chose qui nous dérange chez notre partenaire. Comment, en effet, peut-on espérer qu'il cessera de nous irriter ou de nous troubler alors que le véritable problème réside dans les attentes impossibles qu'on entretient à son endroit ? Sans compter que, plus souvent qu'autrement, nous ne prenons conscience de ces attentes que lorsqu'un geste de sa part ou un trait de son caractère nous déçoit. »

« Comment, alors, devrais-je réagir quand mon mari me met en colère ? Vous ne me conseillez tout de même pas de rester à l'écouter dire des bêtises ? »

« Si l'on arrive à voir qu'on est responsable au moins de la moitié de ce qui semble nous opposer à l'autre, alors on devrait également être capable de voir que nos réactions négatives à son endroit ne règlent rien. Comment le pourraient-elles, alors que ces réactions mécaniques sont le moteur invisible de ce comportement pénible qu'on espère changer ? Souhaiter changer l'issue de moments désagréables avec un être cher sans changer ce qui les a déclenchés revient à changer ses vêtements froids et mouillés pour d'autres, secs et chauds, alors qu'on est dehors sous l'orage. »

Être en relation, cela implique qu'il y a des différences entre les deux partenaires, lesquelles sont essentielles au développement de chacun. Nous avons montré que, en l'absence de ces forces contraires et de ce qu'elles nous apprennent sur nous-mêmes, nous ne pourrions évoluer et devenir des partenaires plus doux, plus compatissants et plus aimants.

Voici pourquoi.

Ce sont ces différences qui contribuent à nous perfectionner l'un et l'autre, non seulement en tant qu'amants ou amis, mais aussi en tant que personnes. Reconnaître ce fait tout en admettant qu'on n'est pas encore capable d'agir en conséquence nous met dans la position idéale pour recevoir l'information qui suit, et qui relève d'une connaissance supérieure de soi-même : avant d'espérer réussir à briser le motif des conflits familiers avec notre partenaire, il nous faut accéder à un niveau de compréhension autre, auquel on pourra avoir recours dans ces situations. En d'autres mots, on doit pouvoir reconnaître que notre niveau de compréhension actuel ne permet pas de résoudre les disputes ; s'y fier, cela revient à inviter le loup dans la bergerie.

Après tout, en quoi consistent la plupart des disputes dans un couple ? « Tu m'as contrarié et je te fais savoir que ça me déplaît. » « À ton tour, tu m'en veux parce que je suis déçue de ton comportement. » Chacun essaie de montrer à l'autre en quoi il a tort, lui signifiant ainsi que sa compréhension de la situation est supérieure à la sienne. Mais il n'y a rien de supérieur dans ce genre de souffrance qui ne mène qu'à une seule certitude :

elle se reproduira. Ce qui nous amène à la question suivante : pourquoi sommes-nous incapables de voir la futilité de ces conflits ? Qu'est-ce qui nous aveugle au point d'être dans l'impossibilité de voir que ça ne mène à rien ? La réponse pourrait vous surprendre, mais plus vous la comprendrez, plus vous pourrez vous libérer de ces parties invisibles de votre personne qui vous entraînent dans ces comportements indésirables : ce genre de conflit n'existe que dans la mesure où on se laisse convaincre, par ses propres réactions négatives, qu'il doit en être ainsi.

Bien sûr, comme on ne le sait que trop bien, ces réactions, y compris leur équipe d'acteurs et de techniciens, occupent le devant de la scène avant même qu'on se rende compte que le spectacle est commencé. Cependant, il suffit d'un niveau supérieur de connaissance de soi pour voir, dans les coulisses de ces situations inattendues, que le décor est préparé pour notre chute.

Nos réactions destructrices apparaissent lorsque notre partenaire affiche sa désapprobation par une expression faciale ou un commentaire désinvolte. Ce simple regard ou cette intonation suffit à les déclencher. Chacune de ces réactions arrive sur scène, texte en main, pour décrire la situation en détail et expliquer ce qui ne va pas chez l'autre. Tout est là, y compris les gestes à faire pour s'assurer que les choses ne dégénèrent pas.

En d'autres mots, nos réactions négatives se présentent avec, en elles, la cause de leur apparition. Toutefois, nul ne peut leur reprocher notre facilité à accepter aussi facilement la réalité de leur propos. Le véritable problème, c'est qu'on ne se rend pas compte que lorsqu'on s'identifie à leur perception erronée du moment – reproches et suggestions pour corriger la situation –, c'est comme si on montait dans un manège en espérant qu'on cessera de tourner en rond si l'on y reste assez longtemps. Pour se sortir de ce cercle vicieux, il faut s'élever au-dessus du niveau de conscience responsable de sa perpétuation.

Une leçon pour aider à repousser les limites de sa capacité à aimer

Nous allons maintenant commencer à recueillir les faits nous permettant de nous libérer de tout comportement relationnel pénible et d'éviter ainsi d'y retomber.

Peu importe que vous ayez l'impression qu'un tel pouvoir n'existe pas, le fait est qu'il existe, et vous pouvez être certain que l'amour ne se limite pas à l'idée que l'on se fait de ce qu'il peut, ou ne peut pas, faire.

Aussi contradictoire que cela puisse paraître, le sentiment qui consiste à se sentir incapable de s'élever au-dessus des comportements problématiques réside dans la croyance erronée qu'on comprend la véritable nature de l'amour. Voici quelques exemples illustrant ce point.

Si l'on croit qu'aimer, cela consiste, entre autres choses, à accepter de vivre avec un ressentiment croissant à l'endroit de son partenaire, que peut-il en sortir sinon un autre point de rupture, suivi d'un autre, etc. ? Une querelle s'ensuit et le comportement affligeant est de nouveau à l'œuvre.

Toutefois, l'amour véritable, qui appartient à un niveau d'être supérieur, n'éprouve aucune rancune.

L'amour de niveau supérieur peut voir et comprendre ce qu'on n'a pas soi-même encore compris, à savoir que notre partenaire ne cherche pas plus que nous à être mesquin ou cruel. Tout ce qu'il/elle sait faire quand la souffrance se manifeste, c'est de s'en prendre à ce qu'il/elle croit être la cause de sa souffrance. L'un des deux est en colère, l'autre sent qu'on lui reproche quelque chose, et les deux souffrent sans que ni l'un ni l'autre ne connaisse la véritable cause de cette souffrance.

Si nous croyons que chaque fois que notre partenaire nous déçoit, c'est signe qu'il/elle ne nous aime pas – du moins pas comme on le souhaiterait –, qu'en est-il de notre amour ? Il se refroidit instantanément ! Cependant, l'amour supérieur ne peut être renversé ou transformé en son contraire, pas plus qu'un rayon lumineux ne peut se transformer en ombre. Même quand quelqu'un semble vouloir provoquer une réaction négative, le véritable amour ne le malmène pas. L'amour ne trahit jamais l'amour.

En gardant ces dernières réflexions à l'esprit, on ne peut douter que les limites qu'impose notre compréhension actuelle de la vraie nature de l'amour ne correspondent pas aux limites de ses possibilités. Si nous le croyons, cela devrait nous amener à nous poser la question suivante : comment peut-on, dans les relations, nous élever au-dessus de nos limites invisibles, et par où commencer ?

Sur une note positive, sachez qu'il n'y a rien à « faire » pour approfondir l'amour qu'on partage avec son partenaire. Il suffit de savoir que cet ordre d'amour supérieur a toujours existé en nous, tout près, insoupçonné. Comme nous sommes sur le point de le découvrir et de nous en convaincre, cette dernière idée n'est pas aussi mystérieuse qu'elle le paraît de prime abord. À vous d'accueillir cette explication révélatrice.

Sur la voie de votre quête spirituelle, vous êtes peut-être tombé sur le vieil adage voulant que « ce qui est en haut est comme ce qui est en bas ». Cet enseignement intemporel nous a été transmis par un fragment de texte de la *Table d'émeraude* d'Hermès Trismégiste. Un ancien mythe veut que Dieu ait soufflé ce principe céleste à Hermès afin que, en retour, celui-ci aide l'humanité à comprendre qu'il existe une relation entre les lois imperceptibles du paradis et leur expression matérielle sur terre.

En d'autres mots, tout ce qu'on peut voir – et tout ce qu'on vit avec notre partenaire – est en fait une manifestation physique des principes invisibles qui donnent lieu à cette expérience.

Jusqu'à ce jour – c'est bien l'essentiel de ce livre –, nos relations avec ceux que nous aimons sont en quelque sorte unilatérales parce qu'elles sont gouvernées par des forces invisibles qui déterminent nos interactions. Cependant, la prise de conscience de ces réactions involontaires, y compris des pensées et des sentiments sous-jacents, change tout. Auparavant, nous étions comme des pions aux mains de ces forces célestes que nous ne pouvions ni voir ni comprendre. Désormais, nous apprendrons à être leur partenaire, cette fois avec une participation majoritaire.

Penchons-nous sur une situation répandue afin d'entrevoir comment ces principes célestes invisibles s'expriment dans le cadre de la vie sociale. Pour tirer un maximum d'information de l'exemple qui suit, gardez à l'esprit la prochaine leçon clé.

La conscience de toute réaction négative qui se manifeste en nous ou chez notre partenaire est plus qu'un simple aperçu de notre nature inconsciente à laquelle les forces indomptées ont donné naissance. L'éclairage de cette conscience supérieure révèle également une nouvelle forme de compréhension, nous habilitant aussitôt à agir avec détermination afin de rééquilibrer et de rétablir l'harmonie dans toute relation où elle est mise à contribution.

Révélation : La loi invisible derrière toute relation d'amour

Imaginez que votre partenaire et vous sortez manger avec un autre couple ou avec quelques amis proches.

L'atmosphère et la conversation sont légères, les gens sourient, peut-être remontés par un ou deux verres de vin. Quelques heures passent, il se fait tard et le serveur, qui souhaite commencer à nettoyer la table, se présente avec l'addition. Comme il ne sait pas à qui la donner, il attend, quelque peu mal à l'aise.

Pendant quelques instants, tous font comme s'il n'était pas là. On évite de le regarder, craignant qu'il n'interprète le moindre coup d'œil comme une volonté de régler la note. Nous avons tous vécu une situation semblable. À moins que l'état de nos finances soit tel qu'on ne craigne pas d'assumer tous les frais, c'est une situation plutôt désagréable.

Cela ne se produit peut-être pas tout le temps. Peut-être aussi qu'on est le genre de personne qui, désireuse de désamorcer la situation, prend les choses en main, mais il n'en reste pas moins que la plupart d'entre nous ont un jour ressenti un moment de tension quand venait le temps d'acquitter l'addition.

Finalement, quelqu'un tend la main en disant qu'il s'en occupe. Deux possibilités se présentent à lui : ou bien il annonce que c'est sa tournée et reçoit une avalanche de remerciements, ou bien il se charge de calculer la part de chacun et de recueillir l'argent.

À première vue, cet exemple semble simple. Cependant, derrière cette expérience apparemment superficielle – une soirée entre amis où chacun est tenu de payer sa part – se trouve une règle intemporelle dont le but consiste à parfaire l'amour. Son influence est telle qu'elle touche toutes nos relations et tout particulièrement cette forme supérieure d'amour que nous désirons partager avec notre partenaire.

Il faudra une étude de soi sérieuse pour découvrir et raffiner les richesses de ce principe céleste, mais vous pouvez être assuré que plus on devient conscient de sa présence en soi, y compris de son travail incessant en vue de contribuer à équilibrer et à rétablir l'amour dans toutes nos relations, plus on a le pouvoir et la liberté de troquer la patience contre l'indélicatesse, la compréhension contre les reproches, l'acceptation contre le rejet, même quand notre partenaire est incapable de pareille chose.

En gardant cette promesse à l'esprit et dans le but de nous aider à déceler la présence de ce principe céleste qui se dissimule dans l'ordinaire, retournons un instant à l'exemple de cette sortie entre amis.

Certes, il ne nous viendrait pas à l'idée de sortir au restaurant ou au bar sans payer notre dû. Cela semble tellement évident qu'il y a tout lieu de se demander pourquoi même il en est question. Considérons toutefois la chose d'un point de vue supérieur.

Le fait même de s'installer au restaurant ou au bar constitue une sorte d'entente tacite entre soi et le propriétaire de l'établissement, à savoir que, en échange de ses services, on déboursera, à la fin du repas ou de la soirée, un montant d'argent sur lequel les deux parties se sont mutuellement entendues.

Le solde débiteur, c'est-à-dire la note, pour l'heure impayée, constitue une sorte d'inégalité momentanée entre les deux parties. Il a donné, on a reçu. Il a rendu un service. Le paiement de la note à la fin du repas ou de la soirée rééquilibre les comptes ; il permet d'effacer toute disparité entre les deux, de sorte qu'aucun n'est redevable à l'autre.

En prenant cet exemple et en superposant ses divers éléments sur la relation qui existe entre partenaires amoureux, on se rend compte qu'il y a, entre ces deux réalités, de nombreux parallèles.

Ainsi, tout comme le client et le propriétaire du restaurant s'entendent pour que le second fasse son possible pour satisfaire le premier en échange d'un paiement, il y a, entre deux partenaires de vie, une sorte d'entente tacite. La différence, c'est que non seulement nous attendons de lui/d'elle un « service rapide » et qu'il/elle se tienne près de la table afin de satisfaire nos besoins, mais nous estimons que son éventuelle négligence à le faire constitue une rupture de l'entente.

Nous connaissons tous trop bien ce sentiment de déception envers un partenaire qui ne répond pas à nos besoins ou rejette sommairement nos demandes comme si on ne comptait pas pour lui/elle. Dans ces moments, on éprouve un sentiment profond d'inégalité, simplement parce que le partenaire a négligé de nous donner ce qu'on croit nous être dû. Au risque de me répéter, je rappelle qu'il/elle éprouve exactement la même chose. Si bien que les deux partenaires expriment, intérieurement ou à voix haute : « Avec tout ce que je fais pour toi, voilà comment tu me traites ? »

N'est-ce pas une description fidèle de ce qui se passe dans les coulisses de la plupart des querelles qui nous opposent à notre partenaire ? Bien sûr, il y a toujours des circonstances atténuantes, par exemple un vieux conflit irrésolu qui couve, un événement insignifiant du passé qui a pris des proportions démesurées. Ou encore, cette fois où l'autre nous a involontairement manqué d'égards et dont le souvenir en éveille d'autres semblables et en ravive la souffrance. Quelle que soit la manière dont on décortique ces moments douloureux, une chose demeure et se résume à cet élément d'une grande importance : quelle différence cela peut-il faire de savoir qui a commencé la dispute si celle-ci laisse en chacun de nous le sentiment d'avoir été blessé par le coup que nous aurait soi-disant injustement porté l'autre ?

En fait, même la personne qui « l'emporte » sur l'autre n'échappe pas aux résidus de la négativité présente lors de la querelle et où, enfouie dans les vestiges des différences momentanément résolues, subsiste une souffrance qu'on ne peut qu'imputer à l'autre, notre partenaire. Si bien que, même à l'issue de la dispute, l'impression d'un déséquilibre persiste, chacun étant convaincu que l'autre lui est redevable. Chacun est redevable à l'autre de quelque chose qu'il a du mal à cerner précisément mais dont, l'expérience ne cesse de le prouver, il ne se sent jamais quitte.

Voici ce qu'il en est : le duo récurrent querelle-réconciliation ne peut se transformer de lui-même, puisque le chagrin et la souffrance qui marquent nos relations résultent des parties inconscientes de nous-mêmes qui les produisent constamment. Autrement dit, nul « paiement de dette », nulle excuse qu'on soutire à son partenaire n'a le pouvoir, au bout du compte, de résoudre les différences que nous croyons percevoir entre nous. En voici la raison : peu importe combien de fois notre partenaire nous aura apaisé par ses excuses, peu importe la forme que celles-ci prennent, elles n'ont pas le pouvoir de changer les parties inconscientes de notre être qui refont surface ou continuent à accuser.

Ce dernier point est important. Cela signifie qu'on ne peut pas continuer à accuser son partenaire d'être le seul responsable de ce qu'on croit nous diviser. Aussi, que les causes invisibles des conflits résident dans nos demandes inconscientes et toujours changeantes concernant ce que notre partenaire devrait, à nos yeux, être et faire à tel ou tel moment.

Pour ne citer que cet exemple, avez-vous déjà observé ce fait contradictoire, à savoir qu'un jour vous éprouvez du ressentiment parce que votre partenaire ne vous consacre pas assez d'attention et, le suivant, vous êtes plutôt irrité par sa présence étouffante ? Pas étonnant qu'on se rende fou l'un l'autre !

Le premier pas vers un changement de ce comportement récurrent consiste à en prendre conscience. Nous avons maintenant atteint le stade où nous pouvons commencer à pratiquer la « magie relationnelle », dans la mesure où nous avons compris que, dans un couple, chacun des deux partenaires est responsable de ce qui arrive à l'un et à l'autre.

Dans le récit véridique qui sera présenté au début du chapitre 6, nous verrons combien cette connaissance de soi de haut niveau peut nous donner la capacité de transformer toute querelle pénible en un acte d'amour inconditionnel.

QUESTIONS ET RÉPONSES UTILES

Question : Ma relation avec ma partenaire a toujours été solide. Mais, récemment, sans que je puisse m'expliquer pourquoi, la moindre petite chose qu'elle fait ou ne fait pas a le don de m'agacer. Et la situation s'aggrave. Je suis assez mûr pour savoir que je contribue à ce sentiment de déception, mais je ne vois pas quel rôle j'y joue. Pouvez-vous m'aider ?

Réponse : Ce que je vais vous dire vous demandera peut-être de bien y réfléchir, mais je vous promets que si vous êtes prêt à considérer ce que cette vérité vous révélera à propos de vous-même, vous éprouverez moins de ressentiment envers votre partenaire. La seule chose qui nous dérange au sujet de notre partenaire, c'est ce qu'on attend d'elle/de lui. Cette vérité recèle également les moyens permettant de renoncer au petit jeu des reproches et d'assumer l'entière responsabilité de ce que l'on est.

Question : Mon copain est tellement sur la défensive qu'il me suffit de laisser entendre que j'aimerais discuter de quelque chose avec lui pour qu'il s'en prenne violemment à moi avant même que j'aie ouvert la bouche. Parfois, il s'emporte en plein milieu d'une conversation alors que je n'ai même pas abordé le sujet qu'il m'accuse de soulever. Je ne comprends pas ce comportement et ne sais absolument pas comment y réagir.

Réponse : L'explication suivante devrait vous aider à comprendre la véritable cause de son comportement à votre endroit. En sachant en quoi consistent les forces inconscientes qui sont à la source de ce comportement agressif, vous acquerrez la patience et la compassion nécessaires pour cesser d'y résister, ce qui constitue le premier pas vers l'éclatement du schème comportemental.

Ceux qui s'en prennent aux autres sans la moindre provocation ne le font habituellement pas dans le but d'infliger de la souffrance, mais plutôt parce qu'ils craignent qu'on leur en cause. En fait, votre copain ne cherche pas à s'en prendre à vous ; il est seulement temporairement sous l'influence négative d'une partie craintive de lui-même qui le pousse à se défendre contre une souffrance imaginaire imminente. À ce niveau d'inconscience de soi, la meilleure manière de se protéger consiste à attaquer. Plus vous serez à même de voir dans ce geste trouble une peur déplacée, moins vous serez portée à y résister en manifestant de la malveillance. Et moins vous résisterez, plus il lui sera facile de voir que vous n'êtes pas l'ennemi qu'il vous croit être.

LEÇONS CLÉS

1. Quiconque reproche à l'autre de mal le comprendre, ou montre de l'amertume envers ceux qui lui auraient soi-disant fait du tort, n'a tout simplement pas compris cette vérité libératrice : la première cause de notre souffrance en ce bas monde ne vient pas des gestes que l'autre a faits ou non à notre endroit. Le chagrin qu'on éprouve devant

les défauts qu'on reproche à autrui n'est en fait rien d'autre que celui de ne pas se comprendre soi-même.

2. En nous réside un niveau d'inconscience de soi qui, en grande partie, n'aime pas ce qu'il voit. Ce qui permet de comprendre pourquoi, à ce niveau, on passe autant de temps à se remémorer les choses qu'on n'aime pas chez son partenaire. Si nous souhaitons que la relation s'élève au-delà des limites inhérentes à notre nature inconsciente, alors notre tâche est évidente : nous devons faire en sorte d'illuminer cette nature négative et décider de nous en séparer pour de bon.
3. Moins on cherche à « éduquer » l'autre quant à ses défauts, plus on apprend à connaître les nôtres.

Chapitre 6

Une relation ne se renouvelle que si l'on se renouvelle soi-même

Un couple marié connaissait des problèmes relationnels graves. Pour les besoins de ce récit, nous les appellerons Kathy et Stan. Peut-être connaissez-vous un couple semblable : doux et aimant un moment, puis qui s'engueule le moment suivant. Bref, vous voyez de quoi je parle. Toujours sur le point de rompre, ils n'échappaient à la rupture que pour mieux se quereller le lendemain. Ils étaient tous les deux conscients de la ténuité de l'amour qui les unissait, d'où le fait que les excuses, les présents et les faveurs suivaient de près les querelles, de même que le désir exprimé de tout reprendre à zéro. C'est à ce point que commence ce récit.

À l'issue d'une semaine particulièrement orageuse, Stan souhaite faire amende honorable pour la tension qu'il a ramenée du travail, où les choses ne se sont pas bien passées pour lui. Peut-être est-ce la raison pour laquelle il s'est emporté à la moindre petite provocation.

Il invite donc Kathy à manger à leur restaurant préféré. En fait, c'est l'endroit où il a demandé sa main dix ans auparavant. Il se dit qu'en partageant une bonne bouteille de vin et en discutant calmement de leurs récents problèmes de couple, il y a de bonnes chances que les choses s'arrangent entre eux.

De retour à la maison, leurs rapports sont au beau fixe. Ils éprouvent tous deux la chaleur d'un amour qu'ils croyaient oublié et chacun se dit qu'il pourrait peut-être pardonner et oublier les malentendus. Stan propose de prendre un dernier verre de vin pour célébrer cette soirée et va chercher une bouteille à la cuisine tandis que Kathy monte à l'étage pour se refaire une beauté.

Dans la cuisine, il essaie de se remémorer une chanson populaire qu'il aimait bien fredonner il y a de cela plusieurs années et dont le thème porte sur le changement, sur la manière de bien faire les choses. Il éprouve le besoin d'être différent, non seulement pour son propre bien, mais aussi pour celui de ses proches. Tout semble bien aller. Il exécute même un pas de danse tandis qu'il fouille le placard à la recherche d'un bon vin. Il est heureux. Puis, son regard tombe sur un paquet de biscuits entamé ; ce sont ses préférés.

En un instant, le paquet est dans sa main tandis que de l'autre, il porte un biscuit à sa bouche. Mais il interrompt son geste en riant de lui-même pour avoir oublié aussi facilement la raison de sa présence dans la cuisine. Presque aussitôt, il se rappelle que sa femme lui a souvent demandé de ne pas manger de biscuits avant d'aller au lit, non par désir de le priver mais parce que, en conséquence, il digère mal et se tourne et se retourne toute la nuit. Il prend alors la décision d'abandonner cette mauvaise habitude aussitôt. « Cela la rendra heureuse, pense-t-il, sans compter que ça me permettra de perdre du poids. »

Puis, il se dit qu'il a trop souvent pris cette résolution dans le passé et qu'il ferait mieux de jeter les biscuits.

Il ouvre la porte du placard du bas et s'apprête à jeter les biscuits aux ordures quand l'un d'eux lui murmure : « Ne me jette pas, mange-moi plutôt. Un seul ne te fera pas de tort. Et puis, ta femme est à l'étage. » Il se dit qu'en effet, il n'y a pas de mal à en avaler un.

Alors qu'il se tient là, coincé entre le biscuit et son désir d'apporter un véritable changement dans sa vie dans le but de rendre sa femme heureuse, il ignore que celle-ci est descendue pour le rejoindre au salon et qu'entre-temps, elle a ouvert sa page Facebook et découvert qu'une de ses meilleures amies, à qui elle avait confié un secret, vient tout juste de l'afficher au vu et au su de tous. En un instant, la tendresse laisse place à la honte et à la colère, et son ressentiment se transforme en fureur. L'esprit toujours agité, elle se rend à la cuisine dans l'espoir qu'un conseil de son mari lui apporte un certain réconfort. Mais que voit-elle ?

Il se tient devant l'évier avec, dans la main, ce qui a tout l'air d'être un biscuit qu'il est sur le point d'avaler. Il l'aperçoit et reste figé sur place, comme un cerf devant les phares d'une voiture. Il ne réussit qu'à lui adresser un faible sourire. Un silence gêné et tendu emplit la pièce. Il craque sous la pression et commence à se défendre d'une voix trébuchante, ce qui ne fait qu'aggraver les choses :

« Kathy, ce n'est pas ce que tu penses, je veux dire, j'ai fait ça pour toi. »

Elle le regarde comme s'il était cinglé en lui disant : « Quoi ? Tu veux dire que tu manges ces biscuits pour me faire plaisir ? »

« Non, ce n'est pas ce que j'ai voulu dire. Tu ne comprends pas. J'étais sur le point de jeter tous ces biscuits à la poubelle quand tu es entrée dans la pièce. Je te le jure. »

Mais elle n'entend là que les mêmes vieilles excuses.

Devant son mépris et le regard déçu qu'il a surpris des centaines de fois chez elle, il se sent dépassé. Il voudrait s'expliquer mais, d'abord sur la défensive, il passe ensuite à l'offensive, outré de se sentir injustement attaqué.

Ce genre de tempête est en quelque sorte prédéterminé. Des paroles désobligeantes et humiliantes sortent avec facilité de leur bouche, chacun alimentant un feu qui n'existerait pas n'eût été la rencontre fortuite de deux événements sans rapport entre eux : elle se sent blessée et trahie par une amie, et lui est victime de ce moment d'hésitation qui l'a empêché de jeter les biscuits aux ordures.

Étouffer dans l'œuf trois comportements affligeants

À ce stade et pris dans le feu du combat à s'envoyer des remarques incendiaires, ils ne savent plus pourquoi ils se querellent. On ne se trompe pas en affirmant qu'une souffrance inconsciente chez Kathy trouve son égale chez Stan. Alors que chacune tente, en vain, de triompher de l'autre, il ne peut en résulter qu'une intensification du conflit entre ces forces opposées.

Chacun a le sentiment que l'autre est injuste envers lui/elle et demande un « paiement » pour la souffrance qu'on lui a injustement infligée. Le passé prouve qu'ils se disputeront jusqu'à l'aboutissement, quel qu'il soit, de ce schème bien établi. À un certain moment, incapable de désigner le coupable de la souffrance causée, l'un des deux partira en claquant la porte et ira ruminer dans son coin, ou décidera que le repli est la meilleure solution et fera une proposition de paix, voire présentera des excuses. C'est triste à dire mais, à long terme, aucune de ces « solutions » ne fonctionne. La souffrance s'estompe, mais pas sa cause invisible.

Cette situation vous semble familière, n'est-ce pas ? Un événement, un simple mot ou un regard critique déclenche une réaction négative. L'un des deux se monte contre l'autre, et la réaction, tout aussi virulente, du second ne se fait pas attendre. Ce sentiment d'être traité irrespectueusement ou d'être mal jugé se transforme en une certitude d'avoir été trahi ; la souffrance, et non l'amour, devient le dénominateur commun.

À ce stade, chacun a acquis la certitude que la seule manière de se sortir de cette situation misérable consiste à faire en sorte que l'autre, qui est forcément dans l'erreur, le reconnaisse. La seule manière de corriger la situation consiste à ce qu'il/elle fasse amende honorable et accepte des compromis. Sachez toutefois que ces demandes inconscientes – et les résultats détestables qui en ressortent – ne contribuent nullement à rétablir l'équilibre avec la personne que l'on croit responsable de sa souffrance. Nos propres expériences passées le prouvent : est-il jamais arrivé que les excuses extorquées à un partenaire nous aient empêchés d'en exiger d'autres peu de temps après ?

Pour que l'amour puisse s'épanouir, tout ce qui a trait à ce genre de comportement doit voler en éclats. On ne doit en conserver aucune partie, à défaut de quoi, tout comme les racines d'une plante envahissante laissées dans le sol, le chagrin fera de nouveau surface ailleurs sous un autre nom et continuera d'assombrir le cœur des personnes concernées.

La table est mise pour la principale leçon de ce chapitre. On comprend désormais que tout geste se rattachant à ce vieux comportement – même s'il est accompli dans l'espoir d'obtenir un meilleur résultat – revient à polir des chaussures qui ne nous vont plus dans l'espoir que la cire les rende à nouveau portables. Voyons trois exemples de tels gestes futiles.

Premier type de comportement affligeant : Combien de fois avez-vous entendu ou dit, vers la « fin » d'une mésentente avec votre partenaire qui semblait vouloir s'éterniser, les mots suivants : « Accordons-nous pour dire qu'on est en désaccord ? »

Cette approche est peut-être utile dans les soirées mondaines. Supposons, par exemple, que vous êtes affilié à un groupe politique dont les convictions sont à l'opposé de celles de la personne avec qui vous débattez des différences entre les deux camps. Quelques verres de vin plus tard, la discussion jusque-là intelligente se transforme en véritable désaccord. Finalement, en dernier recours, vous vous en sortez grâce à ce lieu commun utile en cas d'opinions conflictuelles : « Mettons-nous d'accord pour dire qu'on est en désaccord. » Chacun part de son côté en espérant secrètement ne jamais revoir l'autre.

Cependant, quand une situation semblable se produit dans un couple – par exemple quand l'un des deux reproche à l'autre un fait et exige des excuses tandis que le second voit les choses différemment –, la formule de repli voulant qu'on « s'accorde pour dire qu'on est en désaccord» ne change rien à la partialité des perceptions et des demandes qui ont provoqué cette opposition. On le sait puisque chaque fois qu'on se trouve dans une situation qui déclenche cette mésentente première, ce n'est pas la partie «on s'accorde» qui est jouée. On est plutôt le jouet de forces opposées dont les collisions incessantes contribuent à ce que la confrontation originale se poursuive sans fin.

Deuxième type de comportement affligeant: Prétendre qu'on n'éprouve pas de tristesse à l'issue d'une dispute avec son partenaire. Se montrer impassible; donner l'impression que ce qui s'est passé importe peu.

Voici pourquoi cette attitude impassible semble bien fonctionner à première vue: en affichant un air glacial, on cherche, d'une part, à montrer que rien ne peut nous blesser et, d'autre part, à glacer l'autre. Cela peut sembler efficace, mais, pour reprendre une vérité intemporelle, une pierre enfouie sous terre pèse autant qu'une autre se trouvant à la surface. En d'autres mots, prétendre ne pas souffrir ne signifie pas qu'on ne souffre pas. Le cœur sait très bien à quoi s'en tenir et finit par s'aigrir au contact de la souffrance enfouie en lui. Tôt ou tard, quand le poids devient trop lourd, ce qui est toujours le cas, tout ce qui était enfoui remonte à la surface en un éclair. Le ressentiment refoulé est libéré de manière tellement disproportionnée par rapport à ce qui l'a soi-disant déclenché que le fondement de la plus solide des relations s'en trouve ébranlé.

Troisième type de comportement affligeant: Quand toutes les autres approches se sont avérées inefficaces, vous accusez votre partenaire d'avoir «changé». Vous laissez entendre, directement ou indirectement, qu'il/elle est responsable de ce qui va mal dans la relation: «quelque chose» lui est arrivé et il/elle ne se préoccupe plus de vous. En d'autres mots, vous cherchez à culpabiliser votre partenaire parce qu'il/elle ne répond pas à vos attentes.

Culpabiliser l'autre ou lui faire honte dans le but de le «remodeler» est un comportement voué à l'échec. Même si on arrive momentanément à en faire le « partenaire parfait », la satisfaction qu'on en éprouve n'est pas durable, non seulement parce qu'il/elle ne pourra pas tenir indéfiniment le rôle qu'on lui a assigné dans le but de mettre fin aux différends, mais parce que cela ne satisfait pas les parties de soi qui voient constamment chez lui/elle quelque chose à « corriger ». Cette attitude culpabilisante destinée à transformer son partenaire ne prendra fin que quand on comprendra qu'il/elle n'est pas le seul/la seule à l'adopter.

Bref, tout cela nous amène à une découverte étonnante : contrairement à ce que l'on croit, notre partenaire n'est pas la cause de la résurgence périodique de cette charge de souffrance relationnelle.

Chose certaine, ceux qu'on aime sont tout aussi « fautifs » de ce qui nous rend « dingues » que nous-mêmes sommes « furieux » en réaction à leurs gestes. Cependant, la véritable cause de tout conflit qui s'envenime entre deux partenaires tient dans le fait qu'ils ne savent que faire de leur propre souffrance. C'est dans le but d'échapper à la pression que celle-ci exerce qu'on cherche à « remodeler » son partenaire ou, à tout le moins, à lui faire « payer » la souffrance qu'on est convaincu qu'il/elle nous inflige.

Deux choses à faire pour renouveler la relation avec son partenaire et son rapport à soi

Dans *Le Guerrier pacifique*, film largement autobiographique inspiré du livre du même titre de l'auteur Dan Millman[9], on rencontre Socrate, un vieil homme mystérieux et charmant qui tient une station-service délabrée. L'histoire tourne autour de la relation qu'il entretient avec Dan. Au fil de l'intrigue, celui-ci apprend à faire confiance au vieil homme, qui l'entraîne alors dans une série d'expériences profondes et de leçons de vie stimulantes, toutes visant le même but : l'aider à comprendre que les limites qu'il porte en lui sont largement auto-imposées et proviennent de son passé, et à s'en libérer. Lors d'une leçon en particulier, il

9. Dan Millman. *Le Guerrier pacifique*, J'ai lu, 2010.

lui dit, dans le but d'étayer son argument: « Focalise toute ton énergie à construire le nouveau plutôt qu'à te débattre avec l'ancien. »

Cela paraît simple et, d'une certaine façon, ça l'est. Cependant, ce conseil contient en soi un enseignement secret qui, une fois révélé, peut nous aider à nous libérer de tous les comportements récurrents qu'on reproduit avec notre partenaire. Étudiez attentivement ce qui suit; lisez et relisez ces lignes au besoin jusqu'à ce qu'une compréhension supérieure touche cette partie de vous-même qui est en mesure d'utiliser son pouvoir.

Quand on sent qu'une dispute est sur le point de commencer – qu'on soit du côté de l'offensive ou de la défensive –, on doit être suffisamment conscient pour comprendre que seule l'une ou l'autre des deux choses suivantes se produit: ou bien une partie invisible de soi déclenche le conflit, ou bien une partie inconsciente de soi est stimulée de manière à opposer une force semblable à son partenaire. Tant que, au cours d'une dispute, on reste inconscient de l'élément qui déclenche en soi le désir de vaincre, on continuera à ne voir les choses que de son propre point de vue.

Toutefois, voici pourquoi nul ne gagne dans cette course à la justification: ces deux actions – qu'une partie invisible de soi déclenche la réaction automatique ou qu'elle recule afin de résister à une action tout aussi involontaire initiée par le partenaire – font partie du schème général. En d'autres mots, si cette attitude négative ne cesse de se répéter, c'est qu'on s'identifie à l'une ou l'autre de ces deux forces opposées. Qu'on en enlève une et tout l'édifice s'effondre. Voilà pourquoi il importe, au moindre petit signe d'impatience, de frustration ou de ressentiment, de prendre résolument les deux mesures suivantes.

Première mesure: Dès le moment où on devient conscient de tout sentiment ou réflexion négatif nous poussant à chercher une bonne raison de faire des reproches à l'autre, on doit éloigner ce fauteur de troubles, de la même manière qu'on laisse tomber brusquement une poêle chaude qui, autrement, nous brûlerait la main.

Puisque nous savons désormais que ces forces opposées cherchent à nous entraîner dans leurs luttes et à nous monter l'un contre l'autre, nous savons qu'il nous faut éviter de tomber dans le piège des automatismes qu'elles nous tendent. Cela dit, aussi libératrice que soit cette première mesure, il ne s'agit que d'un aperçu d'un pouvoir encore plus grand à venir.

Deuxième mesure: Puisque nous sommes conscients de ces forces opposées et des astuces qu'elles déploient pour nous amener à nous identifier à leurs luttes et, en conséquence, à nous monter l'un contre l'autre, nous pouvons désormais mettre en œuvre cette connaissance de soi supérieure.

Plus nous étudierons la sagesse contenue dans la phrase suivante et accepterons d'épouser la vérité qu'elle nous révèle, plus nous arriverons à mettre un terme à tout comportement malveillant avant même qu'il se manifeste.

Dès le moment où l'on devient conscient de la présence de forces opposées à l'œuvre en nous – qu'il s'agisse de pensées négatives ou d'un sentiment nous poussant à épouser leur agitation –, on doit y renoncer, de même qu'à toute image de soi qui y est associée.

Voici une courte illustration qui montre pourquoi nous devons apprendre à détecter, puis à rejeter ce faux sentiment d'identité.

Imaginez que vous marchez, peut-être après avoir mangé, et faites du lèche-vitrines avec votre partenaire. Les choses ne pourraient aller mieux. Vous éprouvez un sentiment de gratitude pour ce que la vie et l'amour vous ont donné. Puis, soudainement, votre partenaire vous dit: «Tu sais, j'ai réfléchi et je me dis que nous devrions vraiment réduire nos dépenses.» «Quoi?»

Disparu, ce sentiment de contentement chez celle qui, il y a une seconde à peine, nageait dans le pur bonheur! Il est aussitôt remplacé par un sentiment de mécontentement à l'égard du partenaire et de la situation dans son ensemble. Le doux docteur Banner vient de se transformer en Hulk furieux. Le seul témoin de cette terrible transformation est votre partenaire qui, à ce moment précis, souhaiterait être à mille lieues de là. Voici l'explication de cette image: avant d'entendre les mots mal avisés qui ont déclenché votre réaction, non seulement n'aviez-vous rien du Hulk furieux, mais vous n'aviez rien non plus de l'être agité qui se fait le défenseur d'un état d'esprit agressif et négatif.

Cette fausse personnalité tient désormais les rênes. Dans ces moments-là, quand vous êtes inconsciemment identifié à une foule de pensées et sentiments négatifs, peu importe ce à quoi elle s'oppose, vous le faites aussi; sa nature est devenue la vôtre. Elle mène la barque; des mots cruels sont prononcés, des gestes indésirables sont faits, aussitôt regrettés. Pourtant, ce comportement pénible ne tire son seul pouvoir que de votre identification aux forces négatives qui le maintiennent en place. Par conséquent, plutôt que de rattacher un «je» à ces parties inconscientes de vous-même qui veulent justifier leur négativité, renoncez-y. Rompez le charme de ce faux sentiment d'identité en rejetant délibérément tout dialogue intérieur négatif dans lequel il cherche à vous entraîner, par exemple les raisons pour lesquelles vous croyez devoir «lui mettre les points sur les i». Si vous restez fidèle à cette résolution, votre état négatif disparaîtra, de même que la fausse personnalité qui l'épouse. Leur disparition coïncidera avec celle du comportement pénible dont ils tentaient de préserver l'existence.

Pourquoi les solutions «éprouvées» nous laissent abattus

Comme nous arrivons à la fin de ce chapitre, il est temps de mettre en pratique les concepts et principes que nous y avons étudiés. Nous aborderons donc l'application en temps réel de la magie relationnelle.

Reprenons le récit de Kathy au moment où elle prend Stan, son mari, sur le fait, alors qu'il s'apprête à avaler un biscuit.

Quand nous les avons laissés, ils étaient sur le point de s'engager dans une dispute que ni l'un ni l'autre n'avait prévue ce soir-là. Chagrinée par la trahison de son amie, Kathy surprend Stan dans un geste qui ressemble à la rupture d'une promesse qu'il lui a faite précédemment. Surpris, ce dernier s'étonne de ce qu'elle soit aussi prompte à le juger.

Si les conditions particulières qui ont mené à cette situation peuvent relever de n'importe quelle série de coïncidences, le résultat reste le même. Leur conflit est automatique et prédéterminé, absolument prévisible vu leurs mésententes passées, qui sont restées sans résolution. Un peu comme l'eau d'une bouilloire mise à chauffer à petit feu, qui finit inévitablement par atteindre le point d'ébullition. Seulement, cette fois, compte tenu de la coïncidence malheureuse de deux événements isolés, ils se lancent des regards furieux, chacun d'eux attendant que l'autre admette sa responsabilité dans tout ce gâchis et convaincu qu'il/elle lui doit des excuses pour la souffrance infligée et qu'il/elle a la responsabilité de ramener la paix au foyer.

Pour avoir vécu des situations semblables, nous savons tous ce qui se produit quand « l'autre » ne répond pas à ces demandes. La dispute s'envenime jusqu'à ce que la première partie du schème se joue, c'est-à-dire quand l'un des deux, incapable de supporter la tension, sort en claquant la porte. Cependant, la souffrance irrésolue – les forces opposées responsables, en somme, de chacune de ces ruptures provisoires entre eux – se manifestera dans une autre querelle. Comme des semences enfouies, elles attendent que les conditions soient propices à leur éclosion pour réapparaître et jouer leur rôle incontesté dans une partie sans fin.

C'est avec une certaine confiance que je pose la question suivante : peut-on entrevoir certains aspects de nos relations en les considérant du point de vue de Kathy et de Stan ? Si c'est le cas, deux choses devraient sembler plutôt évidentes. D'abord, il ne peut y avoir de fin à une dispute tant qu'un des deux partenaires n'a pas compris que les solutions « éprouvées » aux différends non réglés ne les résolvent pas le moins du monde. Au contraire, nos solutions habituelles constituent une partie invisible de ce même comportement répétitif dont on est prisonnier.

Ce qui nous amène à la deuxième chose : plus on est conscient de la nature de ce piège – y compris du rôle invisible qu'on y joue –, plus on se rapproche de la compréhension qui seule permettra d'y échapper. La seule manière de mettre fin à un comportement affligeant entre deux personnes, c'est que l'un des deux accepte la responsabilité de le faire voler en éclats.

Cette approche n'a rien à voir avec une forme ou une autre d'excuse, pas plus qu'elle ne se fonde sur la promesse qu'on deviendra une meilleure personne. C'est un acte d'amour qui n'est lié ni au passé ni au futur, intemporel, authentique et infaillible dans son pouvoir de rétablir de bonnes relations entre les deux partenaires, même si l'autre ne le reconnaît pas sur le coup.

Pour voir à quoi ressemble ce genre d'amour et pour témoigner de son pouvoir d'étouffer dans l'œuf un comportement punitif, voyons quelle fin on peut donner à l'histoire de Kathy et de Stan.

Stan s'est cambré dans un geste de défi envers Kathy qui lui reproche d'avoir manqué à sa parole et, de son côté, elle lui tourne le dos et s'apprête à s'éloigner, désireuse de fuir une souffrance qu'elle ne supporte plus. À ce moment-là, quelque chose d'inattendu arrive à Sam. On ne sait pas comment ce genre de miracle se produit, mais on sait que cela se passe quand la personne est prête à l'accueillir.

Contenues dans ses propres pensées et sentiments pénibles, comme une brise rafraîchissante soufflant par inadvertance sur le sol brûlant d'un désert, des réflexions inhabituelles attirent son attention. Elles calment son esprit agité, l'empêchant de prononcer des mots durs qui ne feraient qu'aggraver les choses. Difficile de nommer cette impression, mais si on devait l'appliquer à la situation présente, voici comment cela s'exprimerait : « C'est insensé ! Comment notre soirée si agréable peut-elle être réduite en miettes sans véritable raison ? Quelle est cette chose qui ne cesse de se mettre entre nous et qui détruit notre amour ? »

Dans la foulée de ces réflexions, une autre impression s'impose à Stan, quelque chose de tout nouveau pour lui, qui s'exprime en deux temps : d'une part une déclaration, de l'autre une assertion assortie d'une force telle qu'il en est saisi. C'est sonore et net : « Ça va trop loin et je ne veux plus y participer. Si les choses ne changent pas entre nous ici et maintenant, elles ne changeront jamais. »

Aussitôt, avant même qu'il se rende compte qu'il est en train de parler, il dit : « Kathy, attends, je t'en prie. Ne t'en va pas. J'ai quelque chose à te dire. »

Bien sûr, elle a entendu ces mots d'innombrables fois auparavant. Habituellement, il sous-entend par là qu'il n'a pas fini de parler et qu'il n'y aura aucune paix possible tant que ce ne sera fait.

Cette fois, cependant, c'est différent. Le ton n'est pas le même, il y a une sorte de tendresse dans sa voix qu'elle n'a jamais perçue auparavant et qui l'arrête dans son mouvement. Elle se retourne pour le regarder ; déjà, l'espace entre eux s'est rétréci.

Prendre la querelle à son compte afin d'y mettre un terme

D'abord, craignant de reconnaître dans son visage une expression qu'elle est lasse de voir, elle ne le regarde pas dans les yeux. Conscient de la chose, il va vers elle en disant : « Kathy, s'il te plaît, ne détourne pas le regard ; pas cette fois. »

Cédant à sa demande, elle le regarde et découvre avec surprise qu'il n'y a plus dans ses yeux la moindre trace de cette colère qu'il affichait il y a quelques minutes à peine.

Il lui tend les mains ; involontairement, elle recule.

« Je veux te dire quelque chose de très important », dit-il en lui tendant à nouveau les mains.

Elle met alors ses mains dans les siennes et il plonge son regard dans ses yeux. Elle n'y aperçoit rien qui semble vouloir la punir. Aussitôt, son corps se détend. Puis, elle l'interroge du regard, comme si elle lui demandait : « Mais que se passe-t-il donc ? » Comme s'il avait entendu sa question muette, il lui répond, affichant un sourire timide : « Je viens de comprendre. »

« Comprendre quoi ? »

« La cause de ce type de comportement : se disputer pour des broutilles pour ensuite se réconcilier, puis se disputer de nouveau et s'imaginer que la chose la plus importante, c'est de s'assurer que l'autre admet ses torts. Tu sais de quoi je parle ? »

« Pour l'essentiel, oui, mais je ne suis pas certaine de comprendre ce que tu cherches à me dire. »

« Je ne peux pas parler à ta place, mais je présume que tu éprouves la même chose que moi étant donné qu'on aboutit toujours à la même impasse. Je suis profondément convaincu, et je me rends compte que c'est en toile de fond de toutes nos querelles, que tu me dois quelque chose. C'est comme si quelque chose en moi ne pouvait se détendre tant que tu n'auras pas réparé tout le mal dont je t'accuse. Je ne dis pas que j'ai raison, simplement que je me rends compte que c'est là depuis toujours. »

Il se tait un instant, la regarde et voit qu'elle a ce sourire particulier qu'il a toujours aimé, ce qui l'autorise à poursuivre sur sa lancée : « Donc, si tu ressens la même chose que moi, et comment pourrait-il en être autrement, alors le seul débouché, c'est une autre querelle, une autre impasse. Voilà pourquoi les choses m'apparaissent désormais aussi clairement : ce comportement pénible n'aura jamais de fin tant que je m'accroche à l'idée que tu as une dette envers moi, une dette que tu dois supposément me rembourser. Pas plus que je ne peux rembourser ce genre de dette envers toi ; c'est impossible. »

« Je ne suis pas certaine de comprendre... Je veux dire, si c'est vrai, alors quelle est la suite des choses ? »

« Ne vois-tu pas que cette dette imaginaire entre nous doit être remboursée maintenant et non à un autre moment ? Autrement, cette souffrance – y compris le comportement qui la nourrit – n'aura jamais de fin. Je ne sais pas pourquoi ça ne m'est pas apparu clairement auparavant, mais peu importe puisque c'est désormais le cas. Je sais ce qu'il faut faire pour que les choses s'arrangent entre nous. »

« De quoi parles-tu, Stan ? »

« Je ne suis pas certain de pouvoir bien m'expliquer, mais je peux te dire que je vais payer la somme due immédiatement afin que les choses s'arrangent entre nous. »

Elle le regarde sans trop comprendre ce qu'il dit. « Que veux-tu dire quand tu parles de payer la somme due ? »

« Je ne me querellerai plus avec toi. Pas maintenant, pas à ce sujet et pour nulle autre raison désormais. Je sais, je sais que tu es fâchée contre moi et qu'il y a des chances que je le mérite, mais quoi que tu décides de faire, je vais payer cette dette qui existe entre nous parce qu'elle est due. Alors, je me charge de la note pour les problèmes qu'on a connus ce soir. »

Avant même qu'elle ne se rende compte qu'elle va parler, Kathy lui répond, en colère : « Ne crois pas t'en tirer à si bon compte. Ce n'est pas si simple. Je t'ai surpris à rompre une promesse que tu m'avais faite. »

« Je sais que ça ressemblait à ça, mais bon, que tu aies mal interprété la chose ou que j'aie effectivement failli à ma promesse, tout cela n'a désormais plus d'importance. »

« Si ça n'en a pas, alors qu'est-ce qui en a ? »

« L'amour, Kathy. Ce qui compte, c'est l'amour qui nous a réunis et qui, je crois, a le pouvoir de préserver notre union… mais seulement à la condition qu'on fasse les sacrifices nécessaires pour le garder vivant. Voilà pourquoi je dis que j'assume la responsabilité de ce qui s'est passé ce soir. »

Au cœur de la magie relationnelle

J'espère que vous, lecteur/lectrice, avez pu faire l'importante découverte qui est illustrée dans la relation entre Kathy et Stan. D'abord, vous devriez avoir compris que ces forces opposées invisibles non seulement attisent les conflits dont elles sont la cause, mais également qu'elles continuent à œuvrer en coulisse pour en assurer l'épouvantable continuité.

Pourtant, aussi importants que soient ces quelques derniers concepts résumés, il est encore plus fondamental de comprendre la prise de conscience que Stan fait à la fin du récit.

Les deux paragraphes suivants révèlent le sens secret de ce qu'il cherchait à transmettre à Kathy quand il lui a dit qu'il allait rembourser la dette et qu'il se chargeait de la note.

Je prends l'entière responsabilité de la souffrance que j'ai pu t'infliger. Je me rends compte que ces parties inconscientes de moi-même ne pouvaient que te reprocher la souffrance qu'elles éprouvaient.

Alors, vois-tu, je ne me rends pas à toi ni même pour toi ; ça va bien au-delà. Je renonce aux parties de moi-même qui, je m'en rends compte, ne peuvent nous permettre d'approfondir notre amour. Et j'accepte de payer pour cet amour qui m'a permis de voir que si je ne le fais pas, il ne survivra pas.

Tous les grands récits de l'histoire – qu'il s'agisse de la voie de Siddhârta, le futur Bouddha, des épreuves de Moïse, des sacrifices de Jésus-Christ, de Mahomet, de sainte Thérèse d'Avila, de Gandhi, de la vie d'Oskar Schindler et de Martin Luther King, jusqu'au personnage mythique d'Aslan dans *Le Monde de Narnia* de C. S. Lewis, tous ces personnages héroïques partagent un destin semblable, c'est-à-dire qu'ils connaissent une transformation mémorable qui les amène un jour à dire : « Je me charge de l'addition. »

Si ces récits intemporels ont une certaine résonance en nous, c'est qu'ils racontent, du moins en partie, notre propre histoire.

Tous, nous sommes le jouet de forces contraires et le témoin réticent de ce qu'elles font quand elles ne sont pas maîtrisées. En nous réside également un ordre d'amour supérieur qui a le pouvoir à lui seul de concilier ces états inconscients et de réparer les dégâts qu'ils ont causés.

Je tiens donc à vous assurer d'une dernière chose avant de clore ce chapitre.

Je sais combien il est difficile, sinon impossible, de ressentir de l'amour quand on se trouve en plein cœur d'une querelle éprouvante avec son partenaire. Quoi qu'il en soit, ne perdez pas courage : plus vous reconnaîtrez l'importance de « payer la somme due » et de pratiquer l'exercice, plus vous découvrirez à quel point la vérité qui suit peut contribuer à vous libérer.

L'amour est toujours présent là où des forces contraires se rencontrent. Il est à portée de conscience de notre volonté à l'évoquer au beau milieu de l'épreuve du feu, quelle qu'elle soit. Autrement dit, tout dépend de ce à quoi on accorde la priorité dans ces moments-là, puisque, en fin de compte, devant des schèmes relationnels pénibles, on a seulement deux possibilités : ou bien on choisit la solution de facilité et devient le jouet d'une souffrance familière qui se réincarnera, de même que le comportement dans lequel elle engendre le mécontentement, ou bien on s'éveille et suit cette nouvelle voie jusqu'au sommet des possibilités qu'elle offre.

Dès que, avec son partenaire, on sent s'approcher cet état familier de stress ou de tension, c'est qu'il est temps de « se mettre au travail ». Plutôt que de s'identifier automatiquement à cette vieille souffrance qui « exige » qu'on voie notre partenaire comme le responsable de notre souffrance, on reconnaît cette nature inférieure qui réside en nous et nous invite à suivre ce sens unique qui débouche sur un cul-de-sac, sur une autre querelle. Au su de cette prise de conscience, on abandonne. C'est le paiement, l'acquittement de la dette. C'est le genre de sacrifice dont seul l'amour est capable, et notre volonté d'incarner cette nouvelle compréhension permettra que la relation mûrisse puisqu'elle se renouvellera continuellement.

QUESTIONS ET RÉPONSES UTILES

Question : Nous sommes, mon partenaire et moi, pris dans une ornière. Nous savons tous deux qu'il faut repartir à zéro, lâcher prise et laisser l'amour nous guider dans ces situations houleuses qui se répètent constamment. Mais voilà, l'un de nous deux finit toujours par ramener sur la table un fait passé prouvant que l'autre avait tort et qu'il a encore tort aujourd'hui. C'est une attitude pénible que nous voyons tous les deux comme un obstacle majeur à notre amour, mais que nous n'arrivons pas à briser.

Réponse : Voici un conseil donné par l'auteur T. H. White, célèbre pour ses romans sur le roi Arthur, lesquels ont été réunis dans *The Once and Future King* : « Prenons un nouveau départ sans le souvenir du passé, plutôt que de vivre dans le futur et le passé tout à la fois. On ne construit pas le futur en vengeant le passé. » Chercher à mettre un terme à un comportement répétitif pénible en s'identifiant au « souvenir » inconscient de tout le mal que notre partenaire nous a fait revient à vouloir échapper au courroux d'une tempête en marchant droit dessus. Pour mettre un terme à un schème indésirable, un des deux partenaires doit voir les parties en lui qui l'encouragent, puis y renoncer.

Question : Je crains que si je ne sais pas me défendre, particulièrement au milieu d'une dispute, mon mari interprète la chose comme un signe de faiblesse et croie qu'il peut me marcher sur les pieds aussi souvent que ça lui chante. Franchement, après chaque dispute – même si j'obtiens gain de cause –, j'ai l'impression qu'un troupeau de bêtes sauvages m'est passé sur le corps. Qu'est-ce qui m'échappe ?

Réponse : Une fable d'Ésope raconte l'histoire d'un buffle et d'un lion qui s'apprêtent à se battre à propos d'une mare d'eau que chacun d'eux souhaite s'approprier. Au-dessus d'eux, perché sur un arbre, un vautour se réjouit du combat mortel dans lequel ils sont sur le point de s'engager. Il sait que quelle qu'en soit l'issue, il aura de quoi manger.

La morale de cette fable, c'est qu'il vaut mieux se tenir loin des forces contraires, sans quoi on risque d'être victime de leur combat inconscient. Faites appel à la conscience supérieure du lion ou du buffle qui vit en vous afin qu'elle vous aide à rester à l'écart du combat. À mesure que vous apprendrez à reconnaître ces états négatifs et à sacrifier les parties de vous-même qui cherchent à s'y identifier inconsciemment, vous vous élèverez au-dessus du conflit, sans compter que les efforts que vous y consacrerez aideront votre partenaire à prendre conscience du rôle qu'il/elle joue dans ce genre de confrontation et à y renoncer. Cependant, s'il s'avère incapable de le faire et continue à vouloir vous imposer sa volonté, c'est une tout autre histoire, une histoire qu'il vous appartient de comprendre. Donc, soyons clairs : il s'agit de votre vie à vous et non de la sienne. Faites votre possible pour résoudre ensemble vos différends mais, s'il le faut, n'hésitez pas à quitter toute personne qui abuse de vous de quelque manière que ce soit.

LEÇONS CLÉS

1. On n'est jamais disposé à perdre une « bataille » à moins de comprendre qu'il n'y a rien à gagner à remonter dix fois sur le même ring.
2. Derrière toutes nos attentes quant au traitement qu'on espère recevoir des autres se cache le sentiment qu'ils nous trahissent chaque fois qu'ils ne répondent pas à la demande. Derrière cette déception – la partenaire du sentiment de trahison dans cette croyance – qu'on éprouve à leur endroit, se cache un sens invisible de droiture fondé sur la fausse supposition que nous sommes entièrement différents de ceux que nous sommes portés à juger si facilement.
3. Il arrive que la meilleure manifestation de force ou de bienveillance consiste à se retenir de montrer du doigt les

faiblesses de son partenaire ou de chercher à lui faire des reproches. Un tel acte d'amour nous coûte une partie de nous-mêmes ; quand nous acceptons de payer ce prix, c'est, en fait, une meilleure relation que nous achetons.

Chapitre 7

La voie supérieure qui mène à l'amour idéal

Nous avons vu comment les forces contraires agissent sur la relation entre deux partenaires, de même que comment leur interaction peut littéralement changer – en un instant – la nature même de la relation. Voici quelques exemples simples des résultats que produit leur interaction, comme dans le cas des « contraires qui s'attirent ».

Ainsi, quand l'être cher nous embrasse en souriant, on se sent attiré par lui/elle. Par contre, quand il/elle nous parle d'un ton brusque et que les « contraires se heurtent », on se met aussitôt en mode résistance, prêt(e) à combattre.

Heureusement, comme nous l'avons appris, il existe une troisième force, à l'action conciliatrice, c'est-à-dire conçue pour équilibrer ces contraires, pour réconcilier ce qui les différencie momentanément.

Nous connaissons cette force essentiellement par l'impression que nous avons de sa présence en nous. Ce personnage céleste s'incarne dans notre désir de trouver une manière durable de résoudre tout sentiment pénible concernant ce qui nous différencie de notre partenaire, de combler le fossé qui nous sépare quand nous choisissons de nous poster d'un côté ou de l'autre de ces forces contraires.

On peut également qualifier cette puissance d'amour inconditionnel. De par sa nature, elle est impersonnelle, au sens où son seul « intérêt » dans toute interaction avec les forces contraires consiste à les unir et à les harmoniser en veillant à leur intégration.

Dans la nature, le jeu de ces trois forces contribue à créer des motifs familiers : les spirales des coquillages, les méandres des rivières et ruisseaux, la symétrie des deux moitiés du corps, le feuillage des arbres, et ces autres formes trop nombreuses pour les énumérer toutes. Cependant, ces forces célestes, de même que les formes qu'elles créent, n'ont pas le pouvoir de modifier leurs propres motifs ; elles ne peuvent que se reproduire elles-mêmes. On peut observer le même phénomène dans certaines situations que vivent deux partenaires.

Supposons, par exemple, que vous sortez un soir ensemble pour prendre un repas léger ou encore que vous faites une promenade au petit matin. Sans prévenir, votre partenaire vous fait une remarque désagréable. Une partie de vous réagit, à laquelle l'autre oppose instantanément son état négatif. Peu après, sans y réfléchir davantage, vous en concluez que son commentaire brusque signifie qu'il/elle préférerait être ailleurs qu'en votre compagnie.

En conséquence de votre perception erronée, vous vous vexez et lui jetez un regard noir. Il/elle le perçoit, et la force de votre négativité le/la frappe de plein fouet. Aussitôt, il/elle résiste à ce sentiment et réagit en cherchant à fuir sa détresse. Mais la seule manière qu'il/elle connaît pour s'en débarrasser consiste à vous la reprocher. Plus la souffrance et les reproches sont intenses, moins vous avez de chances de comprendre et de résoudre les différences qui vous opposent, ce genre de souffrance étant inconsciente, incapable de voir autre chose que ses propres désirs.

Sachant cela, le concept suivant devrait être clair : pour espérer concilier, harmoniser cette situation – où la souffrance non seulement nous aveugle mais nous lie aux forces inconscientes responsables de cette querelle inutile –, nous devrons apprendre à voir les choses d'un œil nouveau.

Surtout, ne vous laissez pas intimider par cette idée d'œil nouveau. Cette notion intemporelle est présente, comme un fil d'or, dans toutes les religions et enseignements spirituels de l'Orient comme de l'Occident. Cependant, pour l'heure, disons que ce concept correspond à la capacité d'aborder la relation par l'entremise d'idées nouvelles, qui diffèrent de toutes celles qu'on a entendues jusque-là.

Ces idées nouvelles appartiennent à un niveau supérieur de notre être qui ne possède pas les limites de notre nature inférieure, laquelle, dans les moments difficiles, ne voit qu'un point de vue, le sien. Au contraire, ce moi supérieur est capable, dans toute situation, de considérer les deux points de vue à la fois.

Par exemple, nous savons tous ce qui se produit quand on se rend compte qu'on a mal jugé un ami, un membre de la famille ou son partenaire. Au moment où l'on prend conscience de cette erreur, on est libéré de ce qu'il y avait de faux et de souffrant en soi et qui résultait d'une perception unilatérale de la situation. Même chose pour ceux que cette méprise concernait.

Une des choses les plus étonnantes à propos de ce genre de révélation – éclairés que nous sommes par cette nouvelle compréhension qui nous libère –, c'est le temps qu'on a mis à comprendre une chose qui s'était toujours trouvée juste sous nos yeux.

Pour mieux comprendre ce dernier concept, évoquons cette expérience banale mais souffrante que constitue une querelle entre deux partenaires. Cette fois, par contre, considérons-la du point de vue de cette nouvelle compréhension qui nous permet de voir des choses qui nous échappaient auparavant.

Quand on se trouve en plein cœur d'une dispute, tout ce qui nous vient à l'esprit, c'est de reprocher à l'autre notre souffrance. Cet aveuglement ne fait pas que nous dresser l'un contre l'autre, mais il nous oppose, empêchant toute prise de conscience d'une vérité simple qui, une fois comprise, provoque un changement profond en nous, c'est-à-dire que dans toute querelle avec un être aimé, on n'est pas le/la seul(e) à souffrir ; c'est aussi le cas de l'autre.

Une vérité toute simple qui attendrira les cœurs les plus durs

Un concept comme celui-là, à savoir que notre partenaire souffre de nos mésententes autant que nous, peut nous sembler évident quand on en lit calmement la description et qu'on n'est pas en plein conflit. Cependant, dans le feu de la bataille, on n'en a que très peu conscience, voire pas du tout.

Je me rappelle la première fois que j'ai discuté d'une idée comme celle-là. Une étudiante m'avait demandé conseil à propos d'une mésentente qui ne cessait de s'intensifier entre elle et son partenaire. Ils n'arrivaient pas, me confia-t-elle, à dépasser la bonne vieille querelle dont, selon elle, il était le seul responsable.

Je revois encore les traits de son visage quand je lui ai expliqué que tous les torts ne peuvent jamais se trouver du même côté et que, quelle que soit la souffrance que lui causait leur conflit, il était certain que son partenaire souffrait également. Elle m'a alors regardé droit dans les yeux et m'a demandé, comme s'il n'y avait pas d'autre réponse possible à sa question : « Pourquoi devrais-je me préoccuper de sa souffrance alors que c'est lui qui nous pousse constamment dans la même querelle stupide ? »

J'ai pris une respiration profonde, espérant que cela l'encouragerait à faire de même. De toute évidence, nous n'avancerions pas tant que sa colère ne passerait pas. Quelques secondes plus tard, je lui ai posé cette question : « Se peut-il que ce soit votre souffrance qui s'exprime présentement à votre place et qui vous dit que vous vous fichez du fait que votre partenaire souffre autant que vous ? Car je ne peux vous être d'aucune aide si vous me demandez d'adopter votre point de vue dans cette affaire.

D'un autre côté, mais seulement si vous le désirez, nous pouvons examiner la véritable cause de votre conflit avec votre partenaire. Qu'en dites-vous ? »

À sa réaction, je pouvais voir qu'elle avait compris le message. Pour la première fois depuis son arrivée, son visage s'est détendu, signe évident qu'elle était prête à écouter et à apprendre.

« D'abord, si l'on souhaite aimer son partenaire inconditionnellement, c'est-à-dire quelle que soit son attitude à notre endroit – même s'il semble insensible –, on ne doit jamais répondre à la méchanceté par la méchanceté. Ne voyez-vous donc pas qu'il ne peut jamais rien sortir de bon, d'utile, et encore moins d'apaisant d'une réaction négative, aussi justifiée qu'elle puisse paraître à ce moment-là ? »

Elle a hoché la tête en signe d'accord. J'ai donc poursuivi ma réflexion : « Voilà pourquoi, même quand on est incapable de manifester ce genre d'amour supérieur, il ne devrait subsister aucun doute dans notre esprit qu'en aucune circonstance, on ne devrait souhaiter blesser une personne qu'on aime, ou ajouter à la souffrance qu'elle éprouve. »

Je l'ai regardée dans les yeux : « Êtes-vous d'accord avec moi sur ce point ? »

Il était évident qu'elle se débattait avec ce que je lui présentais, à savoir que l'amour et le ressentiment, la bienveillance et la cruauté ne peuvent jamais occuper le même espace au même moment.

Elle m'a regardé, puis a détourné les yeux. Je voyais que son esprit travaillait doublement dans le but de résoudre la contradiction que j'avais relevée dans son comportement vis-à-vis de son partenaire.

Elle m'a de nouveau regardé et je pouvais voir à son expression obstinée que quelque chose en elle n'aimait pas la direction que prenait la conversation. Puis elle m'a posé une question qui pourrait vous sembler également familière : « Je sais que vous avez raison, mais comment devrais-je me sentir alors qu'il a tous les torts ? Il n'y a qu'une chose dont je sois certaine : ce n'est pas moi qui déclenche les querelles, qui provoque la souffrance ! Si, comme vous le dites, il souffre autant que moi, je ne m'en rends certainement pas compte. »

« C'est justement ce que je souhaite vous faire comprendre : vous ne pouvez pas voir sa souffrance parce qu'il y est déjà plongé… »

« Que diable voulez-vous dire par là ? »

« Oublions-le un moment. Au début d'une dispute, on voit mieux les choses en s'examinant soi-même. Vous êtes-vous déjà demandé comment il se faisait que votre impatience, votre sentiment de frustration ou votre simple colère pouvait passer de zéro à 100 km/heure en moins d'un quart de seconde ? Comment expliquez-vous cela ? »

« Je n'y ai jamais vraiment pensé… »

« Précisément. Tous ces états négatifs se nourrissent de l'une ou l'autre de ces souffrances irrésolues qui sont tapies en nous. L'expérience le démontre : même si les deux s'accordent pour "laisser tomber", ce n'est pas parce que la tempête est passée que la cause du problème a disparu. À l'issue d'une confrontation entre deux personnes, il y a toujours un résidu, une rancune qui se dissimule, n'attendant que les circonstances propices pour revenir à la charge et combattre de nouveau. »

« Je ne suis pas certaine de bien comprendre. »

« Toute différence non résolue entre vous et votre partenaire est comme un grain de sable qui se glisse dans une huître pour se déposer dans les replis de sa chair. Une fois là, le grain de sable devient un irritant pour le mollusque qui s'en défend en le recouvrant constamment de ses sécrétions. Incidemment, c'est ainsi que se forment les perles. »

Elle m'a regardé puis a roulé les yeux, l'air de dire « sans blague ! ». Mais comme je savais qu'elle comprenait l'idée générale, j'ai poursuivi : « Bien sûr, c'est une comparaison grossière, mais elle souligne le fait que les problèmes non résolus entre deux partenaires qui s'aiment constituent des irritants. À la longue, on s'y habitue même, du moins jusqu'au jour où un événement indésirable les ramène à l'existence, en même temps que la souffrance qui les accompagne. Quand les deux partenaires portent les germes de ce genre de souffrance – née de conflits non résolus entre eux, alors, comme vous le savez, la moindre petite étincelle peut se transformer en un immense brasier. »

Puis, je l'ai regardée en demandant : « J'ai raison, pas vrai ? »

« Oui, a-t-elle répondu à contrecœur. Qui aurait cru qu'il se passait tellement de choses en coulisse, sans compter ce qui se passe en chacun de nous ! »

« En effet, vous avez saisi l'essentiel de ce que je voulais vous faire voir : même avant une querelle, et encore plus après, vous êtes affligés, votre partenaire et vous, d'une souffrance qui vous touche autant l'un que l'autre sans que vous soyez conscients de celle de l'autre. Ce qui nous ramène à notre point de départ et à votre question première, à savoir : pourquoi vous continuez à vous faire l'un l'autre le mal que vous dites justement vouloir éviter ? »

Transformer les échanges orageux en sources de changement

On peut commencer à voir ce qu'il aurait été impossible à envisager auparavant, de savoir que, quelle que soit notre certitude quant à celui/celle qui a déclenché ou ravivé une querelle, la véritable cause du conflit se trouve ailleurs. D'où le fait que, aussi étonnant que cela puisse paraître de prime abord, il est extrêmement important de chercher à discerner la vérité que voici : contrairement à ce qu'on pourrait croire, ce n'est ni l'un ni l'autre des deux partenaires qui porte le premier coup dans une dispute ; c'est plutôt la souffrance qui cherche querelle.

Il est certain que cette idée remet en cause nos croyances habituelles, particulièrement si on a la certitude qu'on nous a fait du tort et qu'il est normal, dans ce cas, que justice nous soit rendue.

Toutefois, laissons cela de côté pour l'instant tandis que nous nous penchons sur la cause de nos conflits, plutôt que de s'y laisser piéger. Ce faisant, nous devrions être en mesure d'observer la chose suivante : s'il est évident qu'on ne chercherait jamais à blesser l'être aimé n'eût été une souffrance qui nous pousse à le faire, c'est aussi vrai pour lui/elle.

Tant de choses dépendent de notre capacité à nous souvenir de ce que notre cœur sait être vrai, c'est-à-dire que l'amour est cette force divine intemporelle qui unit et guérit tout ce qui vit et respire. Comment pourrait-il alors nous séparer ? C'est impossible. L'amour ne se bagarre jamais. Jamais.

En gardant cela à l'esprit, résumons les trois concepts principaux qui nous amènent à ce point tournant de notre étude.

Premier concept : Supposons que vous avez un compte à régler avec votre partenaire. Ça ne devrait pas être trop difficile à imaginer ! Est-ce parce que vous vous sentez bien avec elle/lui à ce moment-là ? Ou n'est-ce pas plutôt qu'il y a en vous la pression d'une souffrance qui « sait » à qui faire des reproches et ce que cette personne doit faire pour corriger la situation ? La réponse à cette question est évidente, ce qui nous amène directement au concept qui suit.

Deuxième concept : Cette souffrance particulière qu'on éprouve dans ces moments-là n'existe pas en dehors de la présence, réelle ou imaginaire, de notre partenaire, et vice-versa. Ce qui signifie que, même si nous sommes deux, il n'existe qu'une seule souffrance entre nous. Comment cela est-il possible ? Comme l'explique le prochain concept, tout cela résulte d'une loi céleste.

Troisième concept : Ce à quoi on s'oppose chez notre partenaire le pousse à s'opposer à nous. Ainsi, chaque fois qu'on s'oppose à une attitude de sa part, on peut être assuré qu'il/elle s'opposera à tout ce qu'on aurait à en dire. La souffrance s'oppose à la souffrance. On peut dès lors voir une chose qui nous échappait auparavant : tant qu'on considère notre partenaire comme le responsable de notre souffrance, on ne verra pas ce qu'on devrait voir si l'on souhaite véritablement cesser de se blesser l'un l'autre, à savoir que la responsabilité de ce comportement indésirable, y compris la souffrance qui l'entretient, relève pour moitié de chacun des partenaires. En d'autres mots, la souffrance qui nous a montés l'un contre l'autre et nous a séparés n'appartient ni à l'un ni à l'autre. Elle est commune aux deux.

Je n'insisterai jamais assez sur l'importance de comprendre ce concept. Seulement alors serons-nous en mesure de nous poser la question que la souffrance inconsciente est incapable de considérer, et encore moins de résoudre. En vérité, c'est une question que peut-être moins d'une personne sur cent millions s'est posée. Cependant, ceux d'entre nous qui souhaitent vivre une relation plus saine et plus aimante avec leur partenaire doivent oser se la poser, de préférence en plein milieu d'une querelle : « Pourquoi ma souffrance est-elle plus importante que la sienne ? »

Si les deux souffrent de cette querelle pour s'être identifiés inconsciemment à des forces contraires, alors chacun doit se demander, particulièrement s'il/elle aime son partenaire comme il/elle prétend, pourquoi il/elle a l'impression que sa souffrance est plus importante que celle de l'autre.

Quand on aime vraiment quelqu'un, la dernière chose qu'on lui souhaite, c'est de souffrir. Au vu de la souffrance d'un être cher, qui ne s'est jamais dit que, s'il en avait le pouvoir, il la prendrait à son compte dans le but de l'en libérer ?

Et pourtant, bien que pour la plupart nous ayons fait ce souhait supérieur qui consiste à capituler au nom de l'amour et quoi qu'il nous en coûte, nous avons pu constater que nous en étions incapables. Le fait est que, devant l'épreuve du feu, on ne se rappelle pratiquement rien de ce qui était au premier plan de nos sentiments quelques minutes auparavant.

La cause de cette amnésie spirituelle : cette souffrance inconsciente qui vit en nous a besoin de quelqu'un à qui reprocher son existence. De la même manière, les reproches ont besoin de la souffrance pour survivre. L'un sans l'autre, ces aspects contraires ne sont rien ; ils ne pourraient pas préserver le malheur qu'ils créent ensemble. Plus on est conscient de cette association inconsciente, moins on souhaite y participer.

Étudiez de près les deux concepts qui résument cette section. Voyez comment ils se fusionnent en une leçon unique, et vous serez alors en mesure de transformer tout moment difficile avec votre partenaire en un tournant de guérison pour vous deux.

Premier concept récapitulatif

Aucune souffrance qui exige que notre partenaire en paie le prix ne peut se guérir elle-même. Si elle le pouvait, elle l'aurait fait depuis longtemps. Ajoutez à cela, comme nous l'avons observé, que quel que soit le « paiement » qu'on a exigé de son partenaire dans ces moments-là, il ne permet pas de guérir ; au contraire, il aggrave les choses. Ce qui, en conséquence, se retourne contre soi et fait renaître la souffrance des deux partenaires et le même comportement indésirable.

Deuxième concept récapitulatif

La souffrance inconsciente qui nous pousse à reproduire un comportement indésirable avec notre partenaire n'est pas ce que l'on croit. Ce n'est pas la preuve d'une différence irréconciliable entre les deux, mais plutôt celle de l'existence de quelque chose que nous avons en commun.

Même le plus petit frémissement de cette conscience supérieure, qui veut que la souffrance qui nous sépare nous soit en fait commune, nous permet d'ouvrir notre cœur et notre esprit à un concept nouveau qui ne peut être abordé autrement.

Il n'y a qu'une seule façon de nous élever au-dessus de cet univers invisible de forces contraires qui ne peuvent s'autoguérir et encore moins mettre un terme aux comportements qu'elles créent. Il est temps pour nous d'apprendre à faire appel à une troisième force, à un ordre supérieur de sagesse, de compassion et de bienveillance dont le pouvoir singulier n'est pas seulement de concilier ces forces mais de contribuer, au moment où elles apparaissent, à accomplir le but de leur existence.

En fait, vous connaissez cette force céleste, dont le nom le plus courant est « amour ». Je vous demanderais toutefois de suspendre, au moins jusqu'à la fin de ce chapitre, vos idées sur l'amour. Parce que l'amour que l'on connaît, que l'on évoque pour désigner ce qui compte le plus pour nous, est au sentiment que nous sommes sur le point de découvrir ce que la lumière d'une bougie est à celle du soleil.

Il ne s'agit pas ici de ce que l'on aime, comme un bon repas, une belle journée, un membre de sa famille ou même son partenaire dans les moments les plus tendres. Nous avons déjà vu que ce genre d'amour peut, en un rien de temps, basculer et devenir son contraire.

Nous sommes sur le point de découvrir un ordre d'amour qu'on ne peut ni imaginer ni créer. On ne peut l'amener à transformer un moment indésirable en moment agréable, même s'il s'agit là de la raison de son existence. Bien qu'on ne puisse le faire apparaître à volonté, on peut apprendre à comprendre et, tôt ou tard, à avoir pleinement confiance dans ce qui suit : quand deux personnes ou plus sont liées par une souffrance commune, par exemple une querelle entre deux partenaires ou un malheur partagé par des amis ou des étrangers, un amour supérieur les accompagne à ce moment-là, prêt à les guérir et à les réunifier ou à réparer les dégâts.

La meilleure manière d'illustrer la magie relationnelle profonde qui existe dans ces derniers mots consiste à vous faire part d'une situation très personnelle que j'ai vécue.

Introduction à l'Amour suprême

Je me souviens de ce moment révélateur comme si c'était hier, bien que cela remonte à loin dans le temps. Ma voix était constamment enrouée, problème que j'avais en quelque sorte accepté étant donné mon horaire d'enseignement chargé. Cependant, comme cet enrouement semblait s'être aggravé, j'ai pris rendez-vous avec un oto-rhino-laryngologiste.

L'odeur dans le cabinet du médecin était la même que dans tous les cabinets semblables où j'étais allé dans ma vie et, en y pénétrant, j'ai été aussitôt pris du désir d'en repartir. Cependant, je n'avais pas le choix. Après avoir attendu les quelque 30 à 40 minutes habituelles, on m'a conduit dans une pièce plus petite où j'ai de nouveau attendu le médecin, qui s'est d'ailleurs montré d'une grande gentillesse.

Il a pris des images détaillées de mes cordes vocales, puis j'ai dû attendre, en compagnie de ma femme, les résultats des analyses. Rien qu'à le regarder, j'ai compris qu'il aurait préféré ne pas avoir à m'annoncer la nouvelle. En effet, il me diagnostiquait un cancer dans ses premiers stades. Le choc a fait place à la dévastation.

Le mot « chanceux » s'applique plutôt mal à ce que j'ai vécu durant les six mois qui ont suivi et pourtant, je sais que j'ai eu de la chance d'être entre les mains du docteur Clark Rosen, médecin très talentueux et spécialiste dans son domaine. Il avait mis au point une technique de microchirurgie très délicate permettant d'exciser les tumeurs cancéreuses non invasives présentes sur les cordes vocales. Grâce à elle, il pouvait retirer les parties les plus minimes des cordes vocales dans l'espoir d'y laisser les « marges négatives », terme signifiant qu'il ne reste que des tissus sains et que, à cet endroit, l'organe est exempt de cellules cancéreuses.

Évidemment, j'espérais que tout se passerait bien mais, après mon premier passage « sur le billard », j'ai appris que les marges étaient toujours positives. Je devais donc subir une nouvelle intervention chirurgicale.

Sans y aller de détails crus, je peux vous dire que cette technique chirurgicale nécessite une procédure qui, après coup, m'a laissé avec l'impression qu'une armée de médecins avaient traversé mon larynx avec des chaussures cloutées. Pendant plusieurs jours, il m'a été impossible d'avaler; on m'avait également défendu de prononcer un seul mot. L'idée de revivre la même chose était en soi traumatisante, alors que dire de la procédure elle-même? Cependant, comme je ne voulais pas de la radiothérapie ni de la chimiothérapie, il fallait repasser sur la table d'opération. Comme on peut l'imaginer, les douleurs postopératoires ont été encore pires que la première fois.

Bref, cinq mois et six interventions chirurgicales plus tard, j'ai ouvert les yeux dans la salle de réveil de l'hôpital, reprenant possession de mon corps et ressentant une douleur dont l'intensité, il m'a semblé, s'était multipliée par cent.

Encore un peu sonné par l'anesthésiant puissant qu'on m'avait administré, j'entretenais des idées négatives, imaginant qu'une série interminable d'interventions chirurgicales suivraient. Toutefois, c'était mon corps qui «parlait» et qui me disait en termes clairs qu'il ne pourrait endurer un autre gramme de douleur. Il ne s'agissait pas d'une menace, plutôt d'un cri provenant des profondeurs de mon être qui me disait qu'il avait atteint les limites tolérables de la souffrance. M'apitoyant sur moi-même comme je ne l'avais jamais fait auparavant, je me suis mis à sangloter en dépit de la douleur que je ressentais à la gorge. Tout mon corps sanglotait.

À ce moment-là, l'infirmière de la salle de réveil m'a aidé à me remonter un peu dans le lit puis a mis dans ma bouche un glaçon afin de soulager la sécheresse de ma gorge et rafraîchir les tissus enflammés. C'est alors qu'il s'est produit une chose qui a littéralement changé ma vie, et c'est la raison pour laquelle je vous raconte cette histoire.

Dans cette salle de réveil austère, j'ai aperçu une femme assise dans son lit, en face de moi. Mince et âgée, elle avait de toute évidence été là durant tout le temps qu'il m'a fallu pour reprendre connaissance. Une fois l'effet voilant du médicament dissipé, j'ai aperçu, assis près d'elle et caressant délicatement sa main, un homme tout aussi âgé. Je me suis dit que ce devait être son mari, puis j'ai regardé de nouveau la femme, qui avait dû se réveiller d'une intervention chirurgicale juste avant moi.

À dire vrai, je ne sais pas si c'était à cause de l'effet résiduel de l'anesthésiant ou si quelque chose en moi refusait de la regarder, mais je me rappelle avoir eu le réflexe de détourner les yeux avant, finalement, de fixer mon regard sur elle. Tout comme moi, elle avait subi une intervention chirurgicale dans le but de supprimer une tumeur maligne qui avait envahi son corps. Cependant, cherchant certainement à lui sauver la vie, le chirurgien avait dû lui enlever la plus grande partie de la mâchoire. Je le savais parce que, sous les bandages, ses traits ne présentaient pas les caractéristiques habituelles d'un visage.

Dans des circonstances normales, je crois que j'aurais détourné les yeux, par souci de discrétion et pour lui épargner un malaise encore plus grand que celui qu'elle éprouvait.

Cependant, en la regardant, j'ai eu le sentiment qu'au lieu de fuir ces impressions désagréables, je devais les approfondir. Même si cela allait à l'encontre de mon souhait habituel d'éviter de voir une personne dans un tel état de détresse, j'ai écouté mon intuition. Et je suis heureux de l'avoir fait. Cet incident, mon état, la salle, les odeurs, son visage, tout autre élément indésirable, tout cela s'est fondu en une série de moments et d'actions dont je ressens encore aujourd'hui les effets.

Voici ce qui, au meilleur de mon souvenir, est arrivé ensuite.

En regardant la femme, j'ai fait des prises de conscience révélatrices, comme ce qui arrive quand une vague se forme et atteint sa crête, libérant soudainement toute son énergie refoulée en un seul mouvement qui s'élance sans entraves.

D'abord, je pouvais voir et sentir qu'elle souffrait énormément, ensuite, que cette souffrance intense n'était pas que physique. Elle savait que l'opération l'avait défigurée, et je ne doute pas que cette souffrance était en partie due au fait que les gens ne la regarderaient plus jamais de la même manière qu'auparavant. Cependant, ce qui a véritablement retenu mon attention à ce moment-là, c'était qu'elle semblait s'inquiéter plus de la souffrance et de la confusion de son mari que des siennes. Comme si elle savait qu'il la caressait surtout dans le but de se réconforter lui-même.

Cette impression était si forte et j'étais tellement touché par ce geste de compassion qui la poussait à faire passer la souffrance de son mari avant la sienne que je n'ai pas compris, sur le coup, que je venais de subir une transformation magistrale.

Ma douleur, toutes ces préoccupations égoïstes qui m'obsédaient quelques secondes auparavant, tout cela avait disparu, comme s'il n'y avait jamais rien eu de tel, même si je restais conscient des conditions qui avaient créé cette situation et qui étaient toujours présentes.

Je savais, de manière inexplicable, que quelle que soit l'intensité de ma douleur, elle était infiniment moins grave que ce que cette femme et son mari devaient endurer. Cette conscience de leur souffrance non seulement m'a permis de me détacher de la mienne, mais m'a également fait sortir de mon lit pour aller, à pas incertains, leur parler. Je voulais leur dire une chose qui, je le savais, était vraie.

Ils m'ont regardé tandis que j'approchais, en se demandant, c'était évident à leur air, pourquoi cet étranger en chemise d'hôpital quittait son alcôve de récupération. Je leur ai souri, puis, quand j'ai été assez proche pour qu'ils puissent m'entendre – sachant que j'étais sur le point de faire ce qu'on nous a toujours dit de ne pas faire –, j'ai murmuré ces mots :

« Tout ira bien. »

Autant que possible, elle a réussi à hocher la tête, tandis que ses yeux à lui me remerciaient. Tous les trois nous souffrions, chacun à notre manière, mais aucun d'entre nous ne se sentait seul ou accablé. Ce qui nous chagrinait quelques instants auparavant avait été transformé en une volonté de nous entraider pour faire face à cette tempête. Nous sommes restés assis ensemble en silence dans une connivence sereine, jusqu'à ce que l'infirmière entre et me réprimande pour être sorti de mon lit sans aide.

J'étais presque incapable de parler mais, si j'avais pu le faire, je lui aurais dit que je n'étais pas seul quand je m'étais déplacé dans la pièce. C'est l'amour qui m'avait permis d'aider ce couple âgé et, ce faisant, j'avais moi-même reçu l'aide nécessaire non seulement pour transcender mon état indésirable, mais également pour voir et comprendre une leçon que je n'oublierai jamais : dans ce rare moment que nous venions de partager, nous n'étions plus des étrangers l'un pour l'autre, c'est-à-dire trois personnes souffrant chacune de son côté dans la salle de réveil. Quelque chose de plus grand que la somme des parties avait remplacé notre souffrance par une compassion absolue. Un ordre d'amour dont j'ignorais jusque-là l'existence avait apporté à chacun de nous une forme de guérison.

QUESTIONS ET RÉPONSES UTILES

Question : Je sais que je réagis trop rapidement quand mon mari fait quelque chose qui me déplaît et j'aimerais cesser de m'en prendre à lui pour ce qui, la plupart du temps, relève probablement d'une perception erronée de ses actions. Je n'aime pas beaucoup cette partie de moi-même et je suis certaine que c'est le cas aussi de mon mari. Toute suggestion me serait utile.

Réponse : Cette suggestion vous semblera peut-être « amère » de prime abord, mais faites-en l'expérience et voyez si elle vous aide à détecter vos réactions négatives et à les abandonner : la prochaine fois que vous serez sur le point de lancer à la tête de votre mari une remarque sarcastique ou indélicate, demandez-vous si vous aimeriez entendre la pareille de sa part.

Question : J'ai toujours cru que l'amour et la haine étaient des contraires naturels, comme s'ils allaient forcément ensemble. Cependant, j'ai plutôt désormais l'impression qu'il existe diverses formes d'amour et que celle dont vous parlez est en quelque sorte différente. Pouvez-vous m'aider à les différencier le cas échéant ?

Réponse : La grande majorité de nos relations s'échafaudent, comme vous le soulignez, sur un amour issu de contraires. À ce niveau, l'amour peut se transformer instantanément en son contraire ténébreux quand il est confronté à une situation qui met en péril sa position fragile en nous. Votre intuition est tout à fait juste.

Comme toutes les forces célestes, l'amour présente divers niveaux. Celui dont il est question dans ce livre appartient à un ordre supérieur, c'est-à-dire qu'il n'est pas plus le contraire de la haine que la lumière n'est celui de l'ombre qu'elle projette.

Pour mettre ce concept en perspective, la querelle entre deux partenaires à propos de savoir qui a raison et qui a tort ne permet pas de déterminer jusqu'à quel extrême nous sommes prêts à aller pour l'amour. Cela ne fait que montrer combien nous sommes loin, à ce moment-là, de l'amour qui nous a réunis. Le ressentiment ou la colère n'existent qu'en l'absence d'amour. Plus les deux partenaires garderont à l'esprit cette vérité simple, plus l'amour les aidera à révéler les mésententes qui les séparent et à les en soulager.

LEÇONS CLÉS

1. Nous n'avons pas été créés dans le but de régler nos comptes avec autrui ou de reprocher à autrui ses omissions à notre endroit. Ni dans celui de garder en mémoire les remarques cruelles ou inconsidérées des autres à notre endroit ou des nôtres envers eux. Nous pouvons apprendre à troquer ce ressentiment, qui n'a d'autre but que de nous faire revivre les déceptions, contre une compréhension supérieure où les gestes inconscients des autres cessent de nous atteindre, tout comme la montagne reste insensible aux orages.

2. Reprocher ses propres sentiments conflictuels ou son état négatif à son partenaire revient à reprocher à ses chaussures d'être trop petites.
3. La véritable compassion tient dans notre capacité à se rappeler que la colère, le ressentiment ou tout autre état négatif que manifeste notre partenaire résulte de son incapacité à porter le poids d'un désespoir qu'il/elle dissimule soigneusement.

Chapitre 8
Éveil de l'amour altruiste au pouvoir englobant

Nous avons probablement tous entendu dire que « l'amour parfait bannit la crainte ». Ces cinq mots sont attribués à saint Jean dans les Évangiles, mais ce n'est pas pour cette raison qu'ils sonnent juste ou qu'on en comprend le sens sans avoir à trop y réfléchir.

Il y a en chacun de nous une partie se rapportant aux vérités intemporelles. Une partie de notre cœur s'élève en leur présence. Bien que ce livre ne soit pas l'endroit pour les présenter toutes, on sait que les écritures saintes de l'Orient comme de l'Occident affirment que la lumière de l'amour supérieur ne laisse aucune place aux craintes profondes. Cependant, comme j'espère que mon récit personnel pourra l'illustrer au dernier chapitre, il n'a pas pour seul pouvoir que de bannir la peur et le désespoir.

Nous sommes sur le point de découvrir comment cet ordre d'amour supérieur peut nous aider à écarter le ressentiment, les regrets ou toute autre souffrance que nous vivons avec notre partenaire. Le récit qui suit illustrera, éclaircira et résumera les principes que nous avons étudiés jusqu'à présent.

Un homme d'âge moyen, qui vient de s'installer dans une nouvelle ville, décide d'explorer le quartier dans l'intention, peut-être, de rencontrer ses voisins et de découvrir les nombreux commerces qui s'y trouvent.

Une demi-heure plus tard, ignorant tout de la configuration de l'endroit, il se retrouve accidentellement dans un secteur adjacent dont les rues sont « revendiquées » de longue date par un gang tristement célèbre. Prenant conscience de sa situation et cherchant à retrouver le plus rapidement possible la relative sécurité de son quartier, il commet l'erreur de prendre un raccourci par une ruelle où il se fait rouer de coups et voler par une bande de voyous. Rassemblant tout son courage, il s'extrait de derrière la benne à ordures où on l'a abandonné et rampe jusqu'au bout de la ruelle.

Ses appels à l'aide étant étouffés par le rugissement des voitures, des dizaines de personnes passent à côté de lui sans le voir ; leurs yeux sont ouverts, mais aveugles à tout ce qui n'est pas leur destination.

La première personne à remarquer ce pauvre homme qui gît là est la femme d'un conseiller municipal. Vêtue d'une tenue d'entraînement tendance, elle se rend au parc voisin pour y faire sa marche quotidienne. Elle est tellement prise par ses pensées concernant un repas de fête prochain auquel elle a invité des personnalités de marque qu'elle a pratiquement dépassé la ruelle quand elle se rend compte que quelqu'un est étendu par terre et souffre visiblement.

Cependant, à peine vient-elle de prendre conscience de l'infortune de cette personne qu'une autre idée traverse son esprit, à savoir que cette situation non seulement ne la regarde pas, mais pourrait s'avérer dangereuse si elle s'en mêle. Après tout, comment avoir la certitude qu'un agresseur n'est pas tapi dans l'ombre ? De plus, elle a déjà pris du retard dans son programme de la journée. Troublée par sa décision, elle continue de marcher, pour s'arrêter un peu plus loin afin d'échanger avec une amie qu'elle a aperçue par la vitrine d'un café.

Quelques minutes plus tard, un homme vêtu d'un jean, fort coûteux à en juger par son aspect volontairement usé et taché, passe sur le trottoir dans la direction opposée. Ses sandales en cuir laissent voir des ongles d'orteils fraîchement soignés par un pédicure.

Propriétaire et directeur d'un grand magasin de produits naturels, il se rend à une rencontre avec un auteur dont les livres sur la spiritualité sont bien connus. Se sachant en retard à son rendez-vous, il espère que le gérant du magasin verra au confort de l'auteur et du groupe de personnes qu'il a spécialement invitées pour l'occasion.

Dès qu'il aperçoit l'homme gisant par terre, il fait quelques pas vers lui, mais s'arrête aussitôt, mû par la pensée que, malgré son désir d'aider, il doit se montrer prudent car, dans de nombreux cas, la personne blessée s'est retournée contre ceux qui voulaient l'aider et les a poursuivis en justice. Jetant un coup d'œil rapide autour de lui afin de s'assurer que personne ne le voit quitter la scène du drame, il décide qu'il vaut mieux prévenir que guérir. En route vers le magasin, il se dit qu'il avertira les policiers en arrivant.

Quelque cinq minutes plus tard, une autre femme passe à côté du blessé, dont les moments de conscience succèdent aux absences. Identifiant aussitôt le problème, elle enlève sa veste, la replie et la glisse sous sa nuque. Plusieurs pensées traversent son esprit. Elle pourrait composer le 911 mais, connaissant le piètre état des ressources et les délais de réponse, elle sait que les secours n'arriveront qu'au bout de trente minutes, alors que l'état de l'homme nécessite une assistance immédiate. Par ailleurs, si elle le déplace, ne risque-t-elle pas d'aggraver les choses, sans compter les litiges possibles dans ce cas ?

Puis elle se décide, court vers sa voiture, l'amène à proximité du blessé et réussit à l'installer sur le siège arrière. Cinq minutes plus tard, les urgentistes de l'hôpital du coin l'installent sur un lit à roulettes tandis que, de son côté, la femme répond aux nombreuses questions que l'infirmière de garde lui pose :

« Qui a la responsabilité de cet homme ? Il n'a ni portefeuille ni pièce d'identité ni carte d'assurance. Qui paiera pour les services d'urgence dont il a besoin[10] ? »

« Donnez-lui les soins appropriés. Je vais en assumer les frais jusqu'à ce qu'il reprenne connaissance et que nous puissions éclaircir la chose. »

« Si je puis me permettre, vous devez être très compatissante pour l'avoir amené ici et pour avoir demandé qu'il soit soigné, sans savoir s'il était assuré ou avait droit aux soins prodigués par l'État. »

« Vraiment pas. En vérité, quand je l'ai vu, j'ai pensé d'abord à regarder ailleurs. »

« Pourquoi alors, sans vouloir être indiscrète, vous donner tout ce mal, sachant que votre intervention risquait de vous causer des problèmes ? »

« Quand je l'ai vu qui gisait par terre, impuissant, une partie de moi dont j'ignorais même l'existence s'est éveillée. Je me l'explique mal mais, à ce moment-là, non seulement ai-je vu qu'il souffrait beaucoup, mais j'ai eu le sentiment que sa douleur était mienne. Dès lors, je ne pouvais pas ignorer la sienne plus que la mienne. »

Elle se tait un instant, histoire de savoir si l'infirmière comprend ce qu'elle cherche à dire. Quand celle-ci hoche la tête, elle poursuit :

« Alors, tout est en ordre ? Tout est en place pour qu'on s'occupe de lui adéquatement ? »

« Certainement, madame, ça va aller. Et puis-je vous dire que ce fut un plaisir de rencontrer une personne comme vous. »

« Pareillement. Je vais communiquer avec vous d'ici peu pour prendre de ses nouvelles. »

---

10. Note de l'éditeur : Aux États-Unis, les frais relatifs aux soins de santé ne sont pas assumés par l'État.

Ouvrir son cœur et laisser la véritable guérison s'opérer

Voici le moment d'une révélation choc, d'un point de vue psychologique, à savoir la véritable identité de ce malheureux homme qui a été battu, volé puis laissé pour mort : cet homme, c'est moi, c'est vous, ce sont tous ceux que nous connaissons, y compris nos partenaires.

Voilà certes une idée surprenante, mais les sages qui nous ont précédés dans leur quête de l'amour inconditionnel connaissent cette vérité depuis fort longtemps. Voici comment Henry Wadsworth Longfellow, ce grand poète américain, rend compte de cette précieuse leçon :

> *Si nous pouvions lire l'histoire secrète de nos ennemis, nous trouverions dans la vie de chaque homme la peine et la souffrance permettant de désarmer toute hostilité*[11].

En d'autres mots, si l'on pouvait être conscient de la souffrance de son partenaire, l'ennemi temporaire durant une querelle, on mettrait un terme immédiat à tout désir de lui montrer qu'il a tort, voire de s'en prendre à lui.

Pour l'heure, je vous invite à toucher à la véracité des concepts suivants en les considérant du point de vue de vos expériences passées. Ils vous aideront à comprendre pourquoi, à un moment ou un autre, vous, moi et tous ceux que nous connaissons – y compris nos partenaires – avons tenu le rôle de l'homme infortuné de notre récit.

1. D'une manière ou d'une autre, nous avons tous eu le sentiment d'avoir été victimes d'un « passage à tabac » après avoir découvert qu'une personne en qui nous avions confiance nous avait trahis, menti ou trompés.

---

11. Henry Longfellow. *Prose Works of Henry Wadsworth Longfellow: Complete in Two Volumes*, Boston, Ticknor and Fields, 1857.

2. Nous connaissons cette impression de se sentir «volé» quand notre partenaire ne répond pas à nos attentes ou qu'il/elle nous «dérobe» notre joie par un mot ou un geste indélicat.
3. Nous avons tous eu le cœur brisé plus d'une fois. Ce genre de souffrance et la crainte qu'elle nous inspire, avec tout le vécu émotionnel qui s'ensuit, s'infiltrent dans toutes nos relations ultérieures et leur donnent leur couleur particulière, qu'on en soit conscient ou pas.

Nous savons aussi que, même si on a trouvé le moyen de dissimuler de grands pans de cette souffrance, cela ne signifie pas qu'elle n'est pas en nous. Chaque fois que notre partenaire nous irrite d'une manière ou d'une autre, nous réalisons qu'elle n'a jamais quitté notre esprit.

Ces dernières réflexions, de même que les leçons tirées de mon compte rendu personnel tel qu'illustré dans la parabole qui l'a suivi, nous a menés à un récit bien plus important que la somme de ses parties. Prises ensemble, elles attirent notre attention sur une révélation singulière au pouvoir tel qu'elle permet d'entreprendre un processus de guérison non seulement avec notre partenaire, mais dans toutes nos relations. Revoyons ces découvertes importantes.

Chaque fois qu'on est prêt à condamner, incapable de voir un autre point de vue que le nôtre...

... chaque fois qu'on entend une partie de nous-mêmes nous expliquer pourquoi notre partenaire doit payer pour la souffrance que nous éprouvons...

... dans ces moments et dans toute autre situation où l'on se monte l'un contre l'autre, nous sommes aveugles à l'ensemble du tableau qu'on ne peut voir même s'il est juste devant nous: dans ces moments, la souffrance n'est pas que la mienne et pas que la tienne. Si elle prend cette forme, c'est que, d'une manière ou d'une autre, nous l'éprouvons ensemble. Autrement dit, elle est nôtre.

Si nous pouvions prendre conscience de cette similitude invisible, nous rendre compte que notre partenaire souffre autant que nous – même si sa souffrance peut paraître autre –, nous ne nous dresserions plus l'un contre l'autre.

Nous serions incapables de dire des choses blessantes et cruelles, ou de nous montrer indélicats et de manquer d'égards. La conscience de cette similitude secrète nous permettrait non seulement de prendre la mesure de la souffrance de notre partenaire, mais également – compte tenu du niveau supérieur de la relation – de rejeter tout désir de le voir souffrir, au même titre que nous ne souhaitons pas souffrir nous-mêmes.

Je sais qu'il y a beaucoup d'informations à digérer dans ces dernières réflexions, particulièrement compte tenu du fait que la plupart d'entre nous ont un lourd passé d'amertume irrésolue avec un ou plusieurs partenaires. Il se pourrait donc que vous vous disiez la chose suivante: « Non mais, vous me faites sûrement marcher! J'arrive à peine à endurer ma propre souffrance, particulièrement en plein milieu d'une querelle avec mon partenaire, alors pourquoi diable voudrais-je prendre conscience de sa souffrance ou, encore pire, la partager? »

La réponse à cette question est tout aussi simple que remarquable par son esprit de compassion: chaque fois qu'on prend conscience de la souffrance d'autrui et d'une certaine similarité de celle-ci avec la nôtre, on se refuse à l'aggraver.

L'amour ne nous abandonnera pas.

Ce pouvoir de rester affable envers ceux qui nous blessent inconsciemment est l'un des nombreux bienfaits de l'amour d'ordre supérieur. D'une certaine manière, il donne à notre cœur des yeux pour voir ce qui lui échappait auparavant.

Ainsi, sous l'effet de la lumière qu'il émet, on peut voir que les besoins de notre partenaire sont les mêmes que les nôtres. Cette compréhension nous interdit de croire que sa souffrance est moindre que la nôtre. Par conséquent, désormais, quand notre partenaire décharge sur nous la souffrance dont il ne sait que faire, nous demandant d'en payer le prix parce qu'il/elle est convaincu(e) que nous en sommes responsables, nous pouvons réagir d'une manière qui n'aurait pas été possible auparavant, c'est-à-dire que, plutôt que de se laisser entraîner dans une querelle aux contours ô combien familiers, on prononce silencieusement les mots de guérison qu'on a appris au chapitre 6 : « Cette fois, je me charge de la note. »

On accepte de faire ce sacrifice parce que notre partenaire ne sait pas comment se servir de cette souffrance qui n'existe qu'entre nous deux. Par égard pour un amour qui est plus grand que les deux partenaires, on refuse consciemment de dire ou de faire la moindre petite chose qui pourrait aggraver sa souffrance. Ce n'est pas parce qu'on est meilleur que lui/elle, supérieur à lui/elle, comme nous le savons désormais fort bien. C'est parce qu'une puissance supérieure est à l'œuvre, un ordre d'amour qui est incapable d'indélicatesse, même envers quelqu'un qui pourrait nous avoir blessé. Ce qui rend possible le sacrifice de soi, chose que l'ego est incapable de concevoir, encore moins d'accomplir.

C'est là un geste d'amour inconditionnel, une véritable magie relationnelle.

Trois nouvelles intentions pour faire place à la perfection de l'amour

Nous découvrons un plan divin, céleste, dirigé par un ordre d'amour conscient qui non seulement sous-tend toutes nos relations, mais dont le but est précisément de nous aider à les parfaire. Nous avons également étudié comment la conscience de ce pouvoir permettait d'explorer avec notre partenaire des possibilités allant au-delà de tout ce que nous avons pu imaginer jusque-là.

Et pourtant, aussi estimable soit-il d'apprécier, voire d'affirmer la réalité de cette intelligence intemporelle et compatissante, cela ne suffit pas. Reconnaître l'existence de cet ordre d'amour supérieur sans prendre les moyens de mettre ce savoir en application reviendrait à se considérer comme un explorateur audacieux du simple fait qu'on lit religieusement la revue *National Geographic* !

Il existe une grande loi qui veut que notre compréhension de la réalité de ces principes – quel qu'en soit le degré – doive s'accompagner de la volonté de se faire leur instrument. Les saintes écritures, tant de l'Occident que de l'Orient, nous rappellent ce devoir, tel qu'on peut le lire dans ce court passage du Nouveau Testament : « À ceux qui ont beaucoup reçu, il sera beaucoup demandé[12]. »

En d'autres mots, on demandera beaucoup à ceux à qui on a donné des « yeux pour voir » que les relations individuelles font partie d'un ensemble beaucoup plus grand ; que l'amour a un grand « plan » en place, qui se joue sur une multitude de scènes où chacun de nous est attiré comme par magie vers un autre, qui deviendra notre partenaire et le restera tant que la danse des énergies le permettra. Tout cela dans un seul but, celui de nous aider à apprendre à nous aimer l'un l'autre à la perfection.

Il ne peut y avoir de doute quant à la beauté et aux promesses inhérentes à ces concepts intemporels. Cependant, par elles-mêmes, beauté et promesses ne suffisent pas. Bien sûr, elles sont le reflet de l'amour, mais elles ne constituent pas la puissance pratique – une compassion universelle, née de la prise de conscience que la souffrance de notre partenaire est la même que la nôtre.

Avant de découvrir cette nouvelle forme de guérison – née de la certitude qu'on ne peut culpabiliser son partenaire pour les gestes qu'il a commis sans risquer d'accroître sa propre souffrance –, il y a une chose à faire.

Nelson Mandela, cet activiste qui s'est sacrifié dans le but de mettre un terme à l'apartheid en Afrique du Sud, nous explique pourquoi on doit renoncer à ce genre d'enfantillages qui consistent à espérer que la souffrance qu'on reproduit avec son partenaire « aujourd'hui » changera « demain » : « Une vision qui

12. Luc 12,48, La Sainte Bible, traduction de Louis Segond.

ne s'accompagne pas d'actions n'est qu'un rêve. Une action qui ne découle pas d'une vision, c'est du temps perdu. Une vision suivie d'actions peut permettre de changer le monde[13]. »

Bref, qu'on rêve de partager un amour inconditionnel avec notre partenaire ou de se montrer plus aimable et compatissant, il nous faut mettre ce désir en pratique de manière inconditionnelle. En gardant cela à l'esprit, servons-nous du niveau élevé de connaissance de soi que nous avons acquis pour le transformer en trois intentions supérieures dont le seul but sera de nous aider à apprendre à aimer notre partenaire de la même manière que nous désirons être aimé de lui/d'elle.

Première intention : Dès que vous commencez à vous énerver – que ce soit à l'évocation d'un problème non résolu avec votre partenaire ou parce que celui-ci/celle-ci fait quelque chose qui vous irrite –, mettez-y aussitôt un terme. N'accordez pas la moindre attention à cette partie de vous-même qui cherche à vous justifier dans votre sentiment d'injustice. Faites plutôt ceci : cessez de penser et commencez à voir qu'un sentiment négatif s'est éveillé en vous et qu'il réclame que votre partenaire paie pour votre détresse.

Deuxième intention : En restant présent(e) à cet état augmenté de conscience de soi que votre pause a provoqué, voyez la réalité de la chose suivante : plus vous vous identifiez à ces états négatifs inconscients – et aux raisons qu'ils vous donnent d'éprouver du ressentiment ou de l'hostilité envers votre partenaire –, plus vous tomberez facilement dans le piège et vous monterez contre lui.

Troisième intention : Plutôt que de laisser des parties inconscientes de vous-même se remémorer les raisons négatives justifiant votre ressentiment ou la « dette » de votre partenaire à votre endroit, compte tenu de ce que vous avez enduré à cause de lui/d'elle, faites ceci : dès que l'irritation monte, posez-vous cette

13. *Ouest-France. Citations du jour* : citations.ouest-france.fr/citation-nelson-mandela/vision-accompagne-actions-reve-action-103166.html.

simple question en la formulant de la manière qui vous convient : est-il possible d'aimer vraiment quelqu'un et, en même temps, de souhaiter le/la blesser ? Puis, en corollaire : puis-je espérer un jour comprendre la souffrance qui pousse mon partenaire à se monter contre moi si tout ce que je souhaite, à ce moment-là, c'est lui infliger une souffrance semblable ?

Nous connaissons la réponse à ces questions, du moins nous le devrions : le véritable amour est incompatible avec le ressentiment, la compassion avec l'indélicatesse.

Ce qui signifie qu'on doit décider de qui occupera notre cœur à ce moment-là. C'est une décision qu'on est le seul à pouvoir – et devoir – prendre, même si notre partenaire n'a pas idée du sacrifice que cela implique.

Veuillez prendre note que ce qui suit exige un geste complètement nouveau de votre part. Qui plus est, cela requiert un travail intérieur à accomplir chaque fois que vous vous sentirez blessé et aurez le réflexe de reprocher votre souffrance à votre partenaire.

Pour plus de concision et de clarté, je vais reformuler cette troisième intention sous la forme d'une affirmation, comme si elle s'adressait à mon/votre partenaire. Et bien que nous ne prononcerions jamais à voix haute ces mots, il importe de les mettre en pratique.

« Mon/ma partenaire, je sais que tu n'es pas conscient/e de toi-même présentement, encore moins du mal que tu me fais. Bien que tu ignores ma souffrance, de mon côté, j'ai une conscience aiguë de la tienne. Donc, même si je peux entendre des centaines de voix intérieures réclamant que j'applique la loi du talion, l'amour ne m'autorise à aucun geste qui intensifierait ta souffrance. »

Comment invoquer la magie divine de l'amour

Penchons-nous sur un dernier fait vécu – sorte de gros plan et de regard personnel sur la manière dont pourrait se manifester cette intention quand on la met en pratique avec son partenaire.

Imaginez que vous sortez manger, que vous êtes en voiture ou simplement que vous êtes au lit, sur le point d'éteindre les lumières. Tout va bien. Tout est tranquille. Puis, soudainement, votre partenaire vous lance une « grenade ».

Vous prenez conscience, rapidement mais trop tard, que vous n'avez pas reconnu les signes familiers d'un conflit sur le point d'éclater. Peut-être se montre-t-il/elle cruel(le) dans ses propos ou fait-il/elle un commentaire passif-agressif vous rappelant une erreur commise plus tôt dans la soirée, si ce n'est il y a cinq ans.

Presque instantanément, vous prononcez ces mots mordants qui vous viennent spontanément à l'esprit dans une situation semblable, certains d'un ton assez calme dans le but de désamorcer la situation, d'autres plus énergiquement, mais tous destinés à retourner la situation à votre avantage et à rappeler votre partenaire à l'ordre.

Mais voilà que se produit un changement : quelque chose en vous se rappelle que vous vous êtes retrouvé dans cette situation des dizaines de fois et qu'il n'y a absolument rien de bon ou de nouveau à en tirer, sinon le fait d'ajouter à ce qui existe déjà.

Dans cet instant de révélation, vous voyez ce qui vous échappait auparavant, à savoir que vous êtes sur le point de partir en guerre contre votre partenaire sans qu'il y ait la moindre possibilité de victoire, peu importe qui, de vous deux, finira par avoir le dessus. Étant donné ce que votre niveau de conscience supérieur sait être vrai, le seul geste logique et, au bout du compte, aimant consiste à refuser l'appel du combat.

Plutôt que de piquer une crise, vous restez intérieurement silencieux.

Parcourons cette nouvelle voie attentivement : il ne s'agit pas de capituler devant le jugement erroné ou les lubies de votre partenaire. Cette voie ne débouche que sur le ressentiment, qui se manifeste quand on ne peut plus supporter le poids d'une relation inéquitable. La véritable question qui se pose à nous, au vu de la réalité de la situation, est la suivante : quelle différence cela fait-il de savoir qui tient la barre du bateau si on se dirige droit sur des chutes ? L'un des deux doit s'éveiller et changer de cap même si l'autre est incapable, voire refuse, de voir combien cette décision est sage.

Voilà pourquoi on ne doit pas engager le combat avec quelqu'un qu'on aimait à peine quelques minutes auparavant.

On reconnaît plutôt que contraindre son partenaire à payer pour la souffrance qu'on éprouve ne peut qu'accroître le ressentiment qui entache la relation.

De plus, on refuse de laisser cette amertume « penser » à notre place. On arrive ainsi non seulement à détecter et à rejeter les conclusions qu'elle cherche à nous imposer, mais on refuse également de la laisser se servir de nous pour exprimer à voix haute ses demandes ; il en résulte donc qu'il n'y a tout simplement pas de querelle.

Bref, on capitule, on se rend, quoique pas à son partenaire.

On choisit plutôt d'emprunter la seule voie qui reste ouverte, étant donné ce que nous a montré notre nouvelle compréhension de l'amour supérieur. Constatant notre impuissance à abandonner nos propres demandes inconscientes, de même que celles de notre partenaire, qui ne peut qu'insister pour qu'on paie la « somme due » pour sa souffrance, il ne nous reste qu'une solution : nous acceptons de laisser « mourir » toute partie de nous-mêmes qui essaie de nous pousser, de quelque manière que ce soit, à nous identifier à elle et à répéter le même vieux comportement négatif. Plutôt que de subir inutilement une souffrance rebattue que notre nature inférieure attribue habituellement à notre partenaire, nous décidons non seulement d'y renoncer, mais également de renoncer à tout sens de soi qui pourrait y être associé.

En d'autres mots, on accepte volontairement la mort de ce faux soi qui, comme l'amour nous l'a montré, ne sait pas le mal qu'il nous fait et encore moins celui qu'il fait à ceux qu'on voudrait le moins blesser.

En prenant cette décision – et en luttant pour la mettre en pratique avec notre partenaire –, on favorise l'accomplissement de l'amour inconditionnel. Ce qui nous amène à cette promesse finale : si l'on fait sa part, l'amour fera le reste ; mais on doit le mettre à l'épreuve.

Adoptez ces nouveaux concepts. Mettez-les en pratique. Laissez-les vous montrer que l'amour a le pouvoir de guérir et de parfaire tous ceux qui oseront invoquer sa magie divine.

QUESTIONS ET RÉPONSES UTILES

Question : Même s'il n'en a sûrement pas l'intention, mon partenaire sait comment m'asticoter dans les pires moments. C'est comme s'il cherchait toujours à me contredire. J'aimerais bien apprendre la patience, mais je ne sais pas du tout comment m'y prendre. Toute suggestion sera grandement appréciée !

Réponse : Assurément, c'est tout un défi que d'avoir affaire à un partenaire qui ne cesse de nous contredire. Cependant, le fait de s'impatienter contre ses gestes inconscients, pour ensuite les lui reprocher, revient à dire à un grille-pain d'arrêter de brûler votre pain. La véritable solution à une situation semblable relève de vous et non de votre partenaire. On ne peut supporter un comportement négatif chez autrui que si on a appris à le supporter consciemment chez soi. Ce qui signifie qu'on ne peut pas se montrer véritablement compatissant tant qu'on n'a pas appris à souffrir pour quelque chose de plus grand que soi, c'est-à-dire l'amour inconditionnel.

Question : Bien des idées présentées dans ce livre me plaisent ; la plupart sonnent juste. Mais, honnêtement, j'ai le sentiment que vous m'en demandez trop quand il s'agit de lâcher prise et de laisser l'amour me guider à travers les épreuves que je vis pratiquement tous les jours avec mon partenaire. Je veux bien croire en un amour supérieur qui me permettrait d'agir avec compassion, comme s'il s'agissait d'une possibilité mais également d'une responsabilité. Je vous en prie, dites-moi comment je peux appréhender ce pouvoir afin de parvenir à y croire.

Réponse : Il ne s'agit pas simplement de « croire » au pouvoir de l'amour. Des millions de gens professent cette croyance et pourtant, des millions continuent de se faire du mal au nom même de cet amour. Nous devons apprendre à voir d'un œil nouveau que l'amour est en nous et autour de nous en tout temps. Ainsi, voici un exemple d'une chose qui a toujours été devant nous, mais qui est restée hors de notre vue (jusqu'à aujourd'hui). L'amour qu'on éprouve pour toute chose sainte, belle ou vraie est présent dans notre cœur avant même qu'on pense à l'expliquer. Les couleurs époustouflantes d'un coucher de soleil, une pièce de musique exécutée avec finesse, la vue d'une mère embrassant tendrement son enfant, ces moments ne créent pas l'amour que nous éprouvons à leur vue, mais en révèlent plutôt la présence en nous et le pouvoir qu'il y exerce. Prenez quelques minutes pour réfléchir à ce que tout cela signifie, à savoir que ce n'est pas nous qui trouvons des choses à aimer, mais plutôt l'amour qui trouve, à travers nous, en nous touchant et en nous enseignant qu'il vit dans et à travers toutes choses, y compris en nous.

LEÇONS CLÉS

1. S'il est tout à fait vain de demander à un proche de s'expliquer sur son comportement – c'est-à-dire sur les mots qu'il/elle a pu prononcer ou les gestes qu'il/elle a pu poser à notre endroit et qui ont suscité notre émoi –, c'est que personne au monde ne peut expliquer une souffrance qu'on se cause soi-même.
2. Pour que le véritable amour survive et s'épanouisse entre vous et votre partenaire, vous devrez en découvrir une autre forme. Pour ce faire, le fait de savoir qui a tort ou raison ne présente absolument aucun intérêt. C'est aussi simple que cela, parce que tant que vous vous opposez à quelqu'un, vous n'êtes pas dans l'état d'amour.
3. Contrairement à ce que l'on croit habituellement, les querelles avec votre partenaire ne sont utiles ni à vous ni à

l'amour. Ce n'est pas par égard pour l'amour que vous vous querellez. C'est impossible. Pas plus qu'il n'est possible de construire une maison en faisant tomber ses murs. Plus précisément, ce n'est pas vous qui souhaitez démarrer une querelle, encore moins en alimenter les flammes. C'est à ce faux sens de soi – né du fait qu'on s'identifie à l'une ou l'autre des forces contraires inconscientes qui donnent l'impression qu'il est réel – que vous devez renoncer.

Chapitre 9

Laisser à son partenaire la possibilité de mûrir

Un peu avant sept heures un samedi matin, Alex s'est assis au salon avec sa première tasse de café. Il s'est levé un peu plus tôt que de coutume parce qu'un bruit inhabituel l'a réveillé. En sortant de sa chambre, il ne fut donc pas très surpris de découvrir que Stan, son voisin d'en face, était la source du bruit. Il sortait des tables pliantes de son garage pour les disposer sur sa pelouse. À la vue des boîtes de carton et autres objets épars, on pouvait facilement deviner qu'il comptait organiser un vide-grenier.

À la fois curieux et irrité, se demandant pourquoi Sam commençait de si bonne heure, Alex enfila son peignoir et traversa la rue à la rencontre de son voisin. Même si le printemps était arrivé depuis un moment, le froid descendait des montagnes recouvertes de neige jusque dans leur vallée, si bien que sa respiration faisait de la condensation.

« Bonjour Sam, dit Alex. Mais que voilà donc un homme décontracté et matinal ! »

Apparemment, Sam ne perçut pas la pointe de sarcasme dans le ton d'Alex. Ou alors il s'en fichait, ce qui irrita Alex davantage.

« Bonjour, dit Sam, le sourire aux lèvres. On dirait qu'il va faire beau, pas vrai ? »

Cette fois, c'est Alex qui n'entendit pas ce que Sam disait, tout occupé qu'il était à se demander ce qui poussait celui-ci à vendre une collection de peintures qu'il avait mis des années à réunir, qui plus est lors d'un vide-grenier. Sur les tables reposaient douze tableaux représentant les Rocheuses, toutes signées par un peintre naturaliste célèbre. Chacune illustrait un angle différent, soulignant la majesté naturelle qui entourait leur vallée. Et toutes constituaient des pièces de collection de grande valeur.

Stupéfait, Alex se posait mille questions. Pourquoi Sam voudrait-il vendre une de ses possessions les plus précieuses ? Avait-il des problèmes d'argent ? Était-il malade ?

Spontanément, il laissa échapper cette question : « Je ne voudrais pas être indiscret, mais qu'est-ce qui se passe, mon ami ? » Il montra ensuite du doigt les tables où les toiles étaient disposées avec soin et demanda : « Pourquoi diable vends-tu la collection de peintures à laquelle tu es si attaché ? »

« Ça ? demanda Sam en riant comme si ce n'était rien. Je n'ai pas vraiment le choix... »

Alex prit une grande respiration et dit : « Mon Dieu, as-tu besoin d'un peu d'argent pour vous permettre à toi et à ta famille de tenir le coup jusqu'à ce que les choses s'arrangent ? »

Prenant conscience que son ami avait mal compris la situation, Sam déposa les assiettes qu'il était en train de placer sur la table et dit : « De toute évidence, je n'ai pas été clair. Quand j'ai dit que je n'avais pas le choix, je voulais en fait dire que je tenais vraiment à les vendre. »

Comme Alex ne semblait pas comprendre, il poursuivit : « C'est simple, je vends mes toiles parce que j'ai besoin de cet espace dans mon salon pour quelque chose qui a encore plus de valeur à mes yeux. »

Toujours confus, Alex demanda : « De quoi parles-tu, Sam ? »

« Suis-moi dans la maison, veux-tu ? Je vais te montrer quelque chose qui t'éclairera. »

Quelques instants plus tard, Sam et Alex se tenaient devant le mur du salon qui avait accueilli les peintures et qui était désormais nu. Mais avant que Sam puisse expliquer quoi que ce soit, Alex lui dit : « Ah ! Je comprends. Tu vas accrocher autre chose sur le mur. Mais qu'est-ce qui pourrait bien t'apporter autant de plaisir que les toiles que tu viens de décrocher ? »

« Sais-tu ce qu'il y a de l'autre côté du mur ? » lui demanda Sam.

Alex secoua la tête comme pour dire : « Non, Sam, je ne sais pas. »

Il se tourna alors vers le mur, les yeux grands ouverts et remplis d'attentes. Il se tint là un moment, presque comme s'il apercevait au-delà du mur quelque chose que lui seul pouvait voir.

« Tu y es, Alex. Réfléchis-y une minute et je suis certain que tu verras ce que je fais. »

« Voir quoi ? De quoi parles-tu, Sam ? »

« Les Rocheuses, d'aussi loin qu'on peut les voir ! C'est ce qu'il y a de l'autre côté de ce mur. »

« Je... je ne comprends toujours pas. »

« Je vais démolir la presque totalité du mur et y mettre une grande fenêtre panoramique. Tu comprends pourquoi je veux vendre ma collection ? J'ai besoin d'argent pour les travaux de rénovation. »

« Dis donc, c'est très exigeant ton truc, sans compter ce à quoi tu dois renoncer ! »

« Peut-être, mais tu connais le proverbe : la seule manière de faire de la place pour le nouveau consiste à se débarrasser de l'ancien. »

« Ouais. J'imagine que tu as raison... »

« Je n'ai aucun doute là-dessus. Il suffit d'ailleurs de se demander ce qu'on a envie de voir en se levant le matin : de vieilles toiles illustrant les Rocheuses, ou la réalité majestueuse elle-même ? »

Alex sourit en regardant Sam et en lui répondant : « Ouais. D'accord. Maintenant je comprends. »

Une des grandes lois invisibles de l'amour supérieur

Ce récit simple recèle un message important qu'on retrouve sous une forme ou une autre dans tous les vrais enseignements portant sur l'amour, et qui affecte notre capacité à former, apprécier et enrichir nos relations, particulièrement celle qu'on entretient avec son partenaire. En termes simples, avant que toute forme supérieure d'amour puisse pénétrer nos cœurs, nous devons lui faire de la place en renonçant à une chose à laquelle on a longtemps attribué une grande valeur.

Voyons quelques exemples de cette loi en action.

Si l'on souhaite faire de l'exercice, être en meilleure forme, on doit, pour y parvenir, renoncer à quelque chose. Peut-être ce mode de vie plus actif nécessitera-t-il qu'on passe moins de temps sur les médias sociaux ou à regarder la télé, ou encore qu'on renonce à cette demi-heure de sommeil supplémentaire le matin. Tout cela devrait aller de soi : si l'on n'est pas disposé à troquer l'un contre l'autre, on ne pourra réaliser son souhait d'être en meilleure forme.

Voici un autre exemple d'une situation que vous avez peut-être déjà vécue. Je me souviens de ce moment où je venais de fêter mon treizième anniversaire. Je vivais alors ma première relation « sérieuse » avec une fille. Je savais que c'était sérieux puisque cela m'obligeait à prendre une décision des plus graves.

Si j'ai bonne mémoire, mes trois meilleurs amis me firent asseoir sous un arbre au parc en me disant que nous devions discuter de quelque chose qui, dans mon comportement, les dérangeait. Ils me dirent que je passais beaucoup trop de temps avec ma petite amie et pas assez à courir avec eux, comme nous l'avions toujours fait. La décision que je devais prendre était simple, quoique plutôt pénible : si je souhaitais passer plus de temps avec ma copine, cela signifiait que je devais renoncer au rôle familier que je jouais avec mes amis. Pas facile puisque j'abordais un tout nouveau territoire. Évidemment, mes amis ont fini par comprendre, mais seulement après qu'ils ont dû eux-mêmes renoncer à certaines de leurs habitudes pour faire de la place à un nouvel amour.

Voyez-vous comment ce récit simple valide les leçons que nous avons apprises au dernier chapitre ? La naissance d'un amour, particulièrement avec la personne qui deviendra notre partenaire de vie, suit une loi qui la gouverne, à savoir qu'il faut lui faire de la place. De plus, pour se plier à cette loi, il est impératif qu'on renonce à une chose à laquelle on est identifié et attaché... qu'il s'agisse de vieilles peintures, de bons amis ou d'anciennes demandes.

Regarder son partenaire d'un œil nouveau

Sauf en de rares exceptions, la manière dont nous voyons puis vivons nos relations, particulièrement s'il s'agit de notre partenaire, est déterminée par le genre d'idées qu'on entretient sur celles-ci.

Ainsi, peut-être avez-vous eu un jour le cœur brisé, ou peut-être qu'un être aimé vous a trahi de manière cruelle. Les points de vue que vous apporterez dans chacune de vos relations ultérieures seront alors colorés par une attitude de prudence extrême. Contrairement à votre désir profond, vous n'arrivez pas à vous abandonner entièrement à l'amour par crainte que votre partenaire ne détruise le peu d'espoir et de confiance que vous entretenez toujours dans votre for intérieur.

Ou encore, peut-être avez-vous été victime de violence conjugale. Peu importe qui vous a malmené(e) ou à quel âge cela s'est passé, ou qu'il s'agisse d'un partenaire ou d'un parent que la souffrance ou la frustration a rendu fou au point de s'en prendre à vous. Quoi qu'il en soit, il reste en vous des plaies qui semblent ne jamais vouloir guérir. Rien qu'à l'idée de devoir revivre un cauchemar passé, vos craintes renaissent avec force, bloquant toute possibilité de vivre une nouvelle relation sérieuse et vous en privant entièrement.

Ce « corps » de pensées et sentiments inconscients ternit littéralement notre réalité, nous forçant à voir nos relations, et les possibilités qu'elles renferment, à travers une attitude forgée par la crainte. Il ne fait pas que nous confiner dans sa réalité sombre, mais contribue à créer à nos yeux cette construction mentale réductrice en nous « expliquant » pourquoi, dans la mesure où l'on ne veut pas être à nouveau blessé, on devrait avoir peur de l'amour. Il devrait être évident que tant qu'on continue à regarder son partenaire par le filtre de ces idées et sentiments conditionnés, on n'a pour ainsi dire pas le choix que d'être prisonnier de ces perceptions.

Ce qui signifie qu'on ne peut connaître le pouvoir libérateur de l'amour, son pouvoir de nous épanouir à travers nos relations que lorsqu'on apprend à voir autrement notre partenaire et à interagir de manière entièrement différente avec lui/elle. Il ne s'agit pas de remanier le point de vue qu'on a entretenu dans le passé et qui nous a fait défaut; nous savons que cette voie est dénuée du pouvoir de guérir un cœur blessé. Il nous faut un point de vue supérieur, complètement différent de l'ancien. On doit arriver à voir la personne qu'on aime par le biais d'une compréhension nouvelle, que seul l'amour inconditionnel peut fournir.

En fait, nous demandons quel est ce pouvoir qui, dans l'amour, nous permet de changer non seulement notre point de vue dans les moments difficiles, mais également la manière dont nous réagissons à ceux-ci. Un exemple tout simple permettra de répondre à cette dernière question.

Certaines situations, dans la vie d'un couple, semblent se reproduire des dizaines de fois. Tout va bien, l'amour est intact, du moins jusqu'à ce qu'il/elle manifeste une humeur sombre, exprimant d'une manière ou d'une autre quelque chose qui nous semble passivement indélicat ou clairement agressif. Et voilà, c'est parti ! On se prépare à une collision née de l'opposition à ce comportement de notre partenaire, auquel il nous faut subitement résister.

À ces moments-là, notre perception est presque instantanée: on considère que notre partenaire a provoqué une séparation entre nous et l'amour qu'on éprouvait quelques minutes auparavant. C'est du moins ainsi qu'on voit les choses et qu'on comprend l'incident. Convaincu de savoir lequel des deux est fautif, ce qui se produira ensuite est prévisible. L'un des nombreux vieux schèmes pénibles ressortira. Non seulement les deux parties souffriront-elles de sa réapparition, mais les semences de cette même incompréhension seront de nouveau plantées, assurant ainsi son retour ultérieur.

Examinons maintenant ce même moment indésirable à la lumière des nouveaux concepts que nous savons être vrais quand il s'agit d'amour inconditionnel.

On pourrait dire, et même croire, que la colère ou la déception qu'on éprouve envers son partenaire tient au fait qu'on l'aime, mais nous commençons sérieusement à en douter, n'est-ce pas ? Après tout, comment l'amour pourrait-il être la cause de ce sentiment de séparation qu'on éprouve vis-à-vis de la personne aimée ? C'est illogique, puisque l'amour ne sépare ni ne divise, pas plus que le soleil ne se sépare en lumière et en ombre. Les ombres n'apparaissent que quand quelque chose bloque la lumière et non parce que celle-ci s'est éteinte. Il ne fait aucun doute que l'amour ne sépare jamais ceux qui choisissent de voir leur partenaire sous sa lumière.

Comment accueillir dans sa vie le pouvoir incommensurable de l'amour

Là où je vis, au sommet d'une petite montagne dans le sud de l'Oregon, mon bureau et ma maison sont entourés de sapins, pins et chênes imposants à travers lesquels poussent de gros arbousiers parés d'une couronne vivace de feuilles cireuses vertes.

Quand la brise remonte la pente depuis la vallée, comme c'est presque toujours le cas avant le coucher du soleil, les feuilles des arbousiers semblent s'animer. Non seulement se transforment-elles en millions de petites voiles qui semblent prendre le vent, mais tandis que les arbres oscillent, elles, elles créent une infinité d'ombres qui dansent sur le sol le temps que les rayons du soleil leur confèrent momentanément une existence.

En règle générale, on remarque rarement la lumière qui irradie du soleil, à moins de lever la tête pour le regarder.

D'une certaine manière, cette lumière omniprésente ressemble au projecteur d'un cinéma. On ne voit pas plus la lumière qui en sort à flots et qui projette sur l'écran des images en mouvement qu'on n'entrevoit la lumière vivante qui darde ses rayons sur nous et sans laquelle nous ne percevrions aucune des formes ou des couleurs qu'elle nous donne à voir, et encore moins l'ombre que dessinent les objets.

Tout comme la lumière que, en tant que telle, nous n'apercevons pas, nous ne « voyons » pas notre état de santé.

Nous en sommes généralement inconscients, du moins jusqu'au jour où quelque chose nous dérobe notre bien-être. À ce moment-là, on prend conscience de deux choses en même temps : d'abord, l'équilibre physique dont on jouissait est perturbé et, en corollaire, on doit faire le nécessaire pour, en quelque sorte, racheter sa santé.

En gardant ces deux exemples à l'esprit – d'une part qu'on ne voit la lumière que par ce qu'elle nous révèle du monde, de l'autre qu'on ne voit son état de santé que quand celle-ci fait défaut –, voyons le rôle tout aussi invisible mais absolument important que l'amour joue dans nos relations.

D'abord, l'amour « sent » l'apparition de toute force disparate qui perturbe l'équilibre délicat entre deux personnes qui s'aiment. Ainsi, notre capacité à percevoir l'arrivée de cette influence négative nous permet, bien souvent, de laisser tomber la nuisance avant qu'elle ne nous sépare de notre partenaire. Mais il ne s'agit là que d'une toute petite partie du pouvoir de l'amour. La lumière de cette même conscience sensible sert un autre but, soit celui de révéler silencieusement la véritable nature de ce qui est responsable de cette perte soudaine. Les deux exemples qui suivent contribueront à éclaircir ce dernier concept.

Alors que ce que l'on voit, c'est une personne qui n'a pas répondu à nos attentes – chose qu'on lui reproche –, de son côté, l'amour voit qu'un tel ressentiment ne saurait exister sans qu'on se soit identifié à une partie inconsciente de nous-mêmes qui croit que ses demandes sont des ordres.

Là où l'on voit devant soi quelqu'un qui éveille notre ressentiment pour nous avoir refusé son approbation, l'amour voit que cette souffrance appartient à une nature inconsciente qui croit que sa valeur tient au nombre de sourires qu'elle reçoit et, en outre, que ce moi ne sera jamais satisfait.

Pourtant, malgré l'inestimable pouvoir de l'amour qui sent puis révèle ces parties de nous-mêmes qui l'empêchent d'exercer ses vertus curatives, il est impuissant à manifester cette magie relationnelle s'il n'a pas notre consentement. Comment pourrait-il en être autrement ? Après tout, même si l'amour est la plus grande force de la création, il ne s'impose jamais.

Une relation de partenariat avec l'Amour

L'amour se montre souvent à nous accoutré en mendiant. Il existe d'innombrables mythes anciens racontant que les dieux se présentaient à la porte d'une maison comme s'ils étaient misérables. À première vue, ils semblent chercher le gîte et le couvert mais, en fait, ils veulent savoir si ceux à qui ils ont choisi de rendre visite les accueilleront. Ceux qui acceptent de faire ce sacrifice par égard pour leurs visiteurs inattendus sont récompensés au-delà de leurs espoirs les plus fous.

De la même manière, l'amour frappe toujours à notre porte, mais il ne le fait jamais d'une manière plus stridente que quand notre cœur se ferme à notre partenaire au nom d'une souffrance inconsciente dont on le rend responsable.

Dans ces moments malheureux, non seulement ferme-t-on la porte au nez de l'être cher mais, sans le savoir, on se prive soi-même de ces dons précieux et intemporels que seul l'amour peut offrir, à savoir une relation de plein partenariat avec tous les pouvoirs qui y sont rattachés. Parmi ces dons, citons la présence infaillible de la compassion inconditionnelle envers tout ce que l'amour étreint. Ce niveau supérieur de compréhension de soi ne se laisse jamais entraîner dans une querelle car rien ne pourra le convaincre de s'identifier à un point de vue ou à l'autre d'une force contraire inconsciente.

Soulignons, si la chose n'est pas encore claire, que la partie de nous-mêmes qui rejette l'offre d'un tel pouvoir remarquable le fait à notre insu. Cela s'explique par le fait qu'elle réside la plupart du temps dans une région obscure de notre conscience. Cependant, on peut entreprendre d'illuminer cette nature inférieure en se remémorant quelques souvenirs simples du passé. Je partage ici quelques-uns de mes propres souvenirs, en espérant que vous pourrez faire la même chose malgré ce qui distingue les vôtres des miens.

Enfant, je regardais la télé avec mes parents dans leur chambre à coucher. Je m'endormais invariablement et l'un des deux me portait dans ma chambre. Je me rappelle encore l'impression agréable que j'avais d'être ainsi porté dans leurs bras et de me rendormir avant même qu'on m'ait bordé.

J'ai aussi gardé le souvenir de ces quelques moments délicieux où, alors que j'étais plus âgé, ma mère faisait cuire un gâteau. Elle préparait un glaçage au chocolat à l'aide d'un mixeur aux hélices desquelles le glaçage adhérait et que mon frère et moi léchions ensuite jusqu'à ce qu'il n'en reste rien.

J'aimais ces petits bonheurs de même que beaucoup d'autres, trop nombreux pour être mentionnés. Tout cela venait du fait d'avoir grandi dans une maison qui, pour l'essentiel, était régie par l'amour. Je ne prétends pas que le fait d'être entre les mains de l'amour était toujours réconfortant ou bienvenu. En effet, d'autres souvenirs remontent également de mon enfance, dont le sentiment d'avoir souvent été puni ; ces moments étaient tout aussi amers que les autres étaient doux. Qui a oublié avoir été « convoqué » par un parent et réprimandé pour avoir commis quelque méfait à l'école, dans mon cas souvent parce que je m'étais bagarré avec mon frère aîné ? Et en dépit des excuses que je pouvais inventer, on me disait « coupable » et on me punissait pour avoir violé les règles de la maison, même si j'ignorais, jusqu'à ce moment-là, l'existence de certaines d'entre elles.

Bref, j'adorais le confort et les plaisirs, ces dons naturels qui accompagnent l'amour qu'on reçoit. D'un autre côté, j'aurais voulu me soustraire aux corrections nécessaires et souvent pénibles que ce même amour exigeait. Tu parles d'une résistance instantanée !

Les années passant, j'ai compris que ce soutien non désiré mais offert au nom de l'amour s'était avéré juste. J'espère que c'est aussi votre cas et, si oui, cela signifie que nous avons mal jugé nos parents. Ils ne cherchaient pas à nous priver de la joie, mais voulaient nous offrir une chose dont nous ne pensions pas avoir besoin à l'époque, c'est-à-dire un peu de cette sagesse qu'ils avaient acquise à la dure, en espérant que nous en saisirions suffisamment pour nous épargner une partie des problèmes et des larmes qu'elle leur avait coûtés.

Sans perdre de vue la leçon en cours, je vais tout de même m'en écarter un peu pour parler du gros problème dont personne n'ose parler.

Toutes ces années à rencontrer des aspirants et à leur enseigner en quoi consiste l'amour inconditionnel – ainsi qu'à écouter leurs récits sur les mauvais traitements qu'ils ont subis de la part de leurs parents – m'ont appris que, chez certains, l'enfance n'éveille pas de souvenirs heureux ou chaleureux.

Pour bien des gens, le passé n'inspire que du regret, un sentiment de culpabilité, une forme de dégoût pour une autorité abusive, de la peur ou du ressentiment pour le mal que des personnes cruelles ou injustes, auxquelles ils ne pouvaient échapper, leur ont fait. Il faut donc aussi aborder ce fait malencontreux. Je vous confie ceci, lecteurs et lectrices que ce chagrin passé pourrait concerner : quiconque a abusé de vous dans l'enfance – c'est vrai aussi pour les adultes – ne l'a fait que pour une seule raison, c'est-à-dire qu'il/elle ne savait que faire de sa souffrance, sinon de chercher à y échapper en la projetant sur ceux qui ne pouvaient se défendre. Si vous croyez que c'est le cas, ou l'avez même plus ou moins compris après avoir découvert en vous le même genre de souffrance et ce qu'elle vous a poussé à faire contre d'autres et contre vous-même, alors cette compréhension est le début du véritable pardon. Cette compassion est l'un des plus grands dons de l'amour inconditionnel.

Revenons-en maintenant au thème central de cette section du chapitre. En grandissant, nous avions tendance à recevoir les conseils et avertissements de nos parents avec une certaine résistance, voire de l'hostilité. Je rappelle que ceux qui cherchaient à nous guider durant ces premières années de notre existence ne souhaitaient absolument pas nous rendre malheureux. Nous n'étions tout simplement pas assez sages pour accueillir ce qu'ils souhaitaient nous offrir, c'est-à-dire des fragments de ce qu'ils avaient compris de l'existence, et ce, dans le but de nous épargner certaines des souffrances auxquelles ils n'avaient pu échapper.

De la même manière, notre relation actuelle s'accompagne des dons que l'amour cherche à nous faire. Cependant, pour l'heure, nous n'arrivons tout simplement pas à les reconnaître comme tels, ce qui nous amène à un autre concept important : si nous désirons connaître l'amour inconditionnel avec notre partenaire, la relation ne peut se baser seulement sur ce que nous attendons – ou pas – d'elle. Si nous voulons la « vraie affaire », il nous faut accepter tous les dons qui viennent avec le fait d'aimer quelqu'un, non pas uniquement ceux que nous reconnaissons comme tels ou qui nous semblent désirables.

Lâcher prise tout en aidant son partenaire à dépasser ses limites

La possibilité de s'étreindre l'un l'autre, de faire l'amour, de partager des secrets, de se réconforter durant les épreuves, d'explorer les passions ensemble, toutes ces belles expériences font partie des choses que l'amour rend possibles entre deux partenaires. Cependant, aussi fabuleux que soient ces dons uniques – qui nous attirent l'un vers l'autre –, ils peuvent se transformer en leur contraire, chose nettement moins agréable. Un moment, on se sent étrangement attiré par son partenaire, et le suivant, on éprouve pour lui/elle de la répulsion, et on se trouve ainsi propulsé dans un espace qui ne ressemble en rien à l'amour. Cependant, comme nous sommes sur le point de le voir, c'est exactement à ce moment-là que l'amour supérieur frappe à la porte, désireux de nous offrir un don que nous ne savons pas reconnaître comme tel.

Les deux points qui suivent devraient permettre de prouver la véracité de ce fait.

1. Personne ne peut remettre en cause le fait que c'est le pouvoir de l'amour qui unit deux partenaires. Il est également évident que nous ne sommes pas les créateurs de ces forces mystérieuses qui nous poussent vers l'être aimé, pas plus qu'un morceau de fer et un aimant ne conspirent dans le but de provoquer l'attraction entre eux.
2. Il n'y a par ailleurs aucun doute sur le fait que cette même attraction mystérieuse qui unit les gens agit de manière à préserver leur union, même quand ils se demandent comment ils ont bien pu former un couple.

C'est ce qui s'appelle être pris entre le marteau et l'enclume !

Après tout, nous n'avons pas créé cette force d'attraction que, dans les « bons » moments, on souhaiterait plus forte encore. D'un autre côté, quand ce sentiment est fragilisé et se transforme en son contraire, la dernière personne que l'on souhaite avoir autour de soi, c'est celle qu'on aime. Sans oublier ces moments confus où l'on éprouve ces deux sentiments en même temps.

Ces conditions que crée l'amour ont de quoi rendre fou n'importe qui et, de fait, le font. Après tout, pourquoi l'amour nous attirerait-il dans une relation basée sur l'affection, nous laisserait-il apprécier ses délices, pour ensuite anéantir nos espoirs en montrant du doigt chez notre partenaire un trait indésirable apparu soudainement, à notre insu ?

Dans de tels moments de tension où, grâce à la lumière que jette un événement inattendu, on voit chez son partenaire un trait indésirable qui ne nous était pas apparu auparavant, on a l'impression que le « bateau d'amour » s'est échoué sur des récifs, on éprouve le sentiment très désagréable de couler. On a l'impression d'avoir été trompé. Cette souffrance est comme un signal indiquant de quitter le bateau.

Nous devrions désormais connaître ce schéma : la résistance immédiate que l'on éprouve envers son partenaire non seulement confirme notre opinion négative de lui à ce moment-là, mais prouve également – ce même jugement renforce cette position – qu'il n'y a rien en nous de ce trait désagréable que l'on vient de découvrir.

Mais que voit-on exactement chez son partenaire ? Le fait qu'on ne veut rien savoir de son état négatif, quelle qu'en soit la nature, ne change rien à la réalité de la révélation suivante : dans ces moments indésirables, on ne fait pas que sentir sa souffrance, c'est plus profond ; on connaît sa souffrance comme s'il s'agissait de la nôtre.

Après tout, comment pourrait-on expliquer autrement cette conscience aiguë de ce que notre partenaire sent dans ces moments si ce n'est que, d'une certaine façon, les deux éprouvent la même chose au même moment, quoique chacun de son côté de l'expérience ?

Nos études nous ont préparés à comprendre la réponse apaisante qui suit : ce qu'il nous est donné de voir dans ces moments, ce que l'on sent chez notre partenaire, c'est la présence d'une plaie dans son cœur qui n'est toujours pas guérie. C'est une blessure ancienne qui persiste, cachée en lui/elle jusqu'à ce qu'un événement lié à la relation la réveille. Mais, comme on l'a vu, ce genre de souffrance ne s'éveille pas d'elle-même, pas plus qu'un caillou lancé dans un étang pourrait décider de ne pas faire de rides; l'effet de son éveil chez notre partenaire provoque en nous la conscience soudaine de la présence d'une souffrance équivalente en nous.

En d'autres mots, la souffrance qu'on reconnaît chez notre partenaire est le reflet d'une souffrance correspondante en nous. Cette compréhension explique pourquoi on ne peut qu'échouer dans notre tentative de réparer quelque chose qui nous semble cassé chez l'être aimé. Rien dans cette attitude ne permet de changer le sentiment qu'on éprouve envers notre partenaire à ce moment-là. C'est comme si on essayait de se remonter le moral en se regardant dans un miroir qu'on vient tout juste de peindre en couleurs gaies.

Comme l'importance de cette dernière réflexion ne saurait être surestimée, je vais la résumer et la reformuler: la souffrance qui existe entre les deux partenaires n'est pas là pour les séparer. Même si elle a tout l'air d'une force séparatrice, elle évoque plutôt deux pièces de casse-tête qui attendent d'être réunies afin de se compléter l'une l'autre. Il ne manque alors qu'une seule chose à la relation, c'est-à-dire une nouvelle compréhension qui permettra de voir que les parties apparemment séparées sont en fait une partie unique d'un ensemble beaucoup plus grand.

Ne pas laisser sa propre souffrance larvée compromettre la relation

La prochaine réflexion pourrait être difficile à accepter pour certains, surtout s'ils ont eu de mauvaises expériences avec des gens qui, ne sachant que faire de la souffrance étalée devant eux, les ont repoussés. Quoi qu'il en soit, il est vrai que toute chose dans le monde désire être aimée.

Voyons quelques exemples de cette loi céleste.

Les arbres se dressent pour recevoir les rayons du soleil qui leur apportent la vie. Les fleurs ont besoin du toucher des abeilles, qui les pollinisent. Les bébés de toutes les espèces réclament leurs parents à grands cris, désireux d'être aimés, nourris et protégés. On peut formuler ce principe céleste autrement : tout, dans l'existence, cherche ce qui a été créé uniquement pour le compléter et qu'il existe, en retour, pour compléter.

Rien n'échappe à cette loi, rien, pas même notre souffrance ou celle de l'être cher. Je le répète, toute chose dans le monde cherche ce qui la complétera, y compris les états négatifs tels que la colère, le ressentiment et la déception. Ces énergies négatives ne naissent pas d'elles-mêmes ni ne peuvent se compléter, se guérir elles-mêmes. En d'autres termes, aucune souffrance n'existe dans notre vie sans qu'apparaisse au moment même de sa conception ce dont elle a besoin pour être complétée et libérée.

Peu de gens ont entendu parler de ce genre de concepts et de leurs effets curatifs sur nos relations amoureuses. Ces principes appartiennent à un niveau de conscience supérieure qui, une fois acquis, nous permet de voir et de comprendre plusieurs des lois sous-jacentes qui gouvernent nos relations de manière invisible.

Une de ces lois nous donne un aperçu de certaines des forces invisibles que nous étudions dans cette section, et permet d'expliquer pourquoi il nous semble impossible de connaître une paix durable avec notre partenaire. Bien que je sois certain que Jésus-Christ n'a pas été le premier à l'enseigner, il l'a formulée d'une manière telle que tous ont accès à la sagesse qu'elle renferme. Rappelons que, à ce moment-là, il parlait à ses disciples, leur décrivant la meilleure façon d'interagir avec quiconque s'en prenait à eux. Il a dit : « Mais moi, je vous dis de ne pas résister au méchant. Si quelqu'un te frappe sur la joue droite, présente-lui l'autre joue. »

La traduction du texte original en araméen, d'où provient cette leçon intemporelle, suit, telle qu'extrapolée à l'aide de la Concordance Strong[14] :

Ne t'oppose pas à ceux qui s'opposent à toi ; [de sorte que] si quelqu'un te cause une souffrance [psychologique] en heurtant ta vanité [qui se dissimule dans ta nature], la sagesse te conseille de ne pas réclamer un œil pour un œil. Plutôt que de résister à son geste indésirable, accueille-le ; sers-t'en pour t'aider à mieux voir [prendre conscience] – et te libérer de – cette nature inférieure [fausse] qui ne peut vivre sans avoir quelqu'un ou quelque chose contre quoi s'opposer.

Il n'y a pas lieu dans le présent livre d'étudier les enseignements des êtres illuminés de l'Orient et de l'Occident qui ont vécu dans le but de nous aider à découvrir les voies de l'amour et de mûrir grâce à elles. Quoi qu'il en soit, ils ont tous enseigné cette leçon, simplifiée et résumée ci-après : tant que nous résistons – c'est-à-dire nous opposons consciemment – à l'expression d'une souffrance chez notre partenaire, nous ne pourrons jamais voir, encore moins comprendre, le rôle qu'elle joue dans notre propre vie ou dans la sienne. Voici la manière la plus simple que je connaisse de résumer cette loi de même que l'action qu'elle implique pour quiconque souhaite la prendre à cœur : pour que l'amour mûrisse, tout ce qui s'y oppose doit disparaître, y compris ce vieux sens de soi-même qui, autrement, nous imposerait ses idées.

Ce dernier point devrait être évident. Pourtant, il arrive souvent, particulièrement dans les moments difficiles, que nous le perdions de vue et, en conséquence, oubliions son pouvoir de nous rappeler ce qui compte le plus. Voilà en quoi consiste la

14. James Strong. *The New Strong's Expanded Exhaustive Concordance of the Bible*, Édition augmentée, Thomas Nelson, 2010.

force invisible de notre manque de mémoire: la souffrance est aveugle et, en conséquence, elle est insensible.

Nous savons que c'est vrai parce que nous avons vu comment la souffrance peut nous amener à nous en prendre violemment à ceux qu'on aime et à les blesser. Aussi parce que c'est toujours après le fait que nous regrettons de nous être montés contre notre partenaire, voyant, trop tard, qu'une souffrance inconsciente nous a poussés à agir ainsi. L'inverse est aussi vrai: quand notre partenaire souffre, il est lui aussi aveuglé; il ne peut voir le mal qu'il se fait à lui-même, encore moins à la personne qu'il aime.

En un mot, nous sommes prisonniers d'une impasse: tant que chacun continue d'assumer en alternance le rôle de force irrésistible (par exemple en demandant ce que nous sommes convaincus que notre partenaire nous « doit ») puis d'objet fixe (en continuant par exemple d'insister pour dire que nous sommes la personne à qui est « dû » un paiement), rien ne changera dans cette lutte.

Seul un pouvoir plus grand, qui réside hors de ce schéma, peut révéler le rôle inconscient que nous jouons dans sa répétition et, en même temps, nous en libérer. Toutes nos études, nos réflexions et nos découvertes nous ont préparés à la réponse qui suit: d'une certaine manière, ce pouvoir mystérieux ne réside pas en dehors de nous, mais plutôt au plus profond de notre cœur. C'est une forme d'amour supérieur qui, tout en donnant naissance aux forces contraires de l'attraction et de la résistance, ne leur est pas lié. Il les transforme plutôt en une unité d'un nouvel ordre de conscience dans lequel sont révélés non seulement la possibilité d'aimer inconditionnellement, mais également le chemin qui y mène.

Le don incommensurable offert par l'amour à ceux qui lui ouvriront leur porte et l'accueilleront est une nouvelle compréhension qui change non seulement le sens de ce que l'on voit chez notre partenaire – et auquel on réagit –, mais également comment nous réagissons à ce qu'il/elle nous révèle sur nous-mêmes.

Laisser l'amour dissoudre ce qui divise deux partenaires

Nous avons effleuré cette idée précédemment, mais nous en avons désormais une bien meilleure compréhension : nos relations, particulièrement amoureuses, sont en quelque sorte un « miroir magique ».

Notre partenaire nous aide à nous rendre conscients des qualités et caractéristiques que, autrement, nous ne verrions pas en nous-mêmes. Nous jouons exactement le même rôle dans sa vie. De plus, quel que soit le niveau de patience ou de colère, de force ou de faiblesse, de cruauté ou de gentillesse, qui a été notre lot dans cette vie, nous connaissons chacune de ces qualités en nous uniquement parce que notre partenaire, quel qu'il ait été à ce moment-là, nous en a rendus conscients.

Cette réflexion signifie que nous sommes l'un pour l'autre une sorte d'« agent secret » de ce genre de révélation. Et que nous sommes réunis par l'amour pour la même raison, c'est-à-dire pour que toute souffrance ou limite encore dissimulée, mais non guérie pour autant, soit révélée, réalisée et intégrée dans notre être entier. Je rappelle cette phrase, citée au premier chapitre, de Jerry Maguire qui dit à Dorothy, la femme qu'il aime : « Tu me complètes. »

Évidemment, tout cela paraît fabuleux, parfait en réalité. Jusqu'à ce que l'un des deux mette le feu aux poudres. Soudainement, tout ce qu'on voit et sait – guidés en cela par nos réactions négatives –, c'est que notre partenaire nous a fait du mal, et ce qui doit être fait pour corriger la situation.

Cependant, nous savons désormais qu'on doit éviter de cautionner cette résistance qui cherche à nous enfermer dans une boule sombre et à nous faire rouler au loin. Bien sûr, notre partenaire a peut-être franchi, ou franchira, la « ligne » déterminant la limite à ne pas dépasser. Il mettra à l'épreuve notre patience, notre gentillesse ou notre capacité à pardonner, comme on le fera à son endroit.

Cependant, à la lumière de nos découvertes récentes, quelles autres circonstances pourraient nous révéler ces parties de nous-mêmes qui refuseront de dépasser les bornes par égard pour l'être cher ? Comment pourrions-nous jamais prendre conscience des limites actuelles de notre capacité à aimer ? À mesure que croît notre volonté de reconnaître ce qu'il y a de bon dans ces révélations non désirées, on est mieux à même de voir et d'apprécier notre partenaire pour ce qu'il est réellement, c'est-à-dire un « agent » de l'amour dont la mission secrète consiste, en partie, à initier la guérison dont la première étape est la révélation de ce que se cache en nous un personnage souffrant.

Quelle que soit notre capacité à reconnaître la vérité apaisante de cette dernière réflexion, laissons-la nous instruire. Comme l'indiquent les trois exemples ci-dessous, nous savons désormais ce qu'il faut éviter quand notre partenaire fait quelque chose qui suscite une réaction négative en nous.

1. Nous savons que nous ne devons pas nous débattre contre notre partenaire au nom d'une souffrance qui veut lui reprocher sa soudaine apparition en nous.
2. Nous savons que nous ne devons pas user de représailles à l'égard de notre partenaire dans un geste de résistance à une quelconque énergie négative qu'il émet, tout simplement parce que cette réaction négative ne fait qu'amplifier sa souffrance et la nôtre.
3. Nous savons, aussi difficile que ce soit quand on est en plein cœur d'une querelle, que nous ne devons pas résister à ce que nous voyons chez notre partenaire ou à ce qu'il/elle a contribué à révéler en nous. Plutôt, notre rôle est de favoriser ces révélations dans la mesure où nous comprenons que nous ne pourrons pas nous libérer de la colère, de la peur ou du regret tant que nous n'en serons pas conscients.

Bref, nous avons le choix: ou bien nous continuons de résister inconsciemment à cette souffrance que nous avons toujours reprochée à notre partenaire, impuissant à l'empêcher de se répéter et à accroître constamment sa charge de frustration, de ressentiment et de méfiance, ou bien nous travaillons à rendre cette résistance consciente, de même que la souffrance qui l'accompagne; nous pouvons la reconnaître pour ce qu'elle est vraiment: une invitation à renoncer à ce que nous avons été et, en même temps, à mûrir, en compagnie de notre partenaire, dans un amour nouveau, vrai et beau.

La preuve par quatre qu'on n'a pas à changer son partenaire

Il ne nous viendrait jamais à l'idée de montrer du doigt, et encore moins de chercher à changer, quelque chose chez l'être aimé si nous n'étions pas troublés, voire chagrinés par la chose.

Autrement dit, quels que soient ces traits que nous cherchons à «améliorer» chez notre partenaire, ce sont probablement les mêmes auxquels nous résistons le plus. Cette observation est importante. Voici pourquoi: à peu près tout ce que nous essayons d'accomplir dans le but d'aider donne le résultat contraire.

Voyons ce qui cause ce résultat inattendu.

Chaque fois que nous poussons notre partenaire à changer, c'est parce que nous lui reprochons en grande partie la souffrance qu'un aspect de sa nature a éveillée en nous. On peut donc dire que c'est notre amour pour lui/elle qui est actif ici, mais le véritable acteur, celui qui, en coulisse, tire les ficelles, est une chose à laquelle nous nous opposons chaque fois qu'elle surgit chez notre partenaire. En fait, alors que nous croyons peut-être lui souligner son défaut par amour, ce n'est pas ce qu'il/elle ressent. Ce qu'il/elle ressent, c'est la montée de notre résistance à son endroit. Il/elle réagit en conséquence et se rebiffe.

La seule chose qu'on réussit à accomplir quand on cherche à changer son partenaire, c'est de lui confirmer ce qu'il/elle a toujours suspecté, à savoir que, dans ces moments-là, nous sommes la source de sa souffrance. Cependant, cette perception erronée ne constitue que la moitié du problème, en fait, la petite moitié...

Tandis qu'il/elle nous considère comme responsables de son problème, son esprit est envahi de fausses considérations et de leurs accusations concomitantes. Ce flot de pensées et de sentiments négatifs lui cause un certain aveuglement; il ne reste plus d'espace dans son esprit pour voir et encore moins être conscient(e) de ce qui se passe en lui/elle à ce moment-là. En conséquence, ce n'est pas qu'il/elle ne cherchera pas à changer comme nous l'espérons, mais il/elle ne peut changer parce qu'il/elle n'en voit pas la nécessité. Cette dernière réflexion est tellement importante qu'elle mérite qu'on s'y arrête plus longuement.

Si vous pouvez vous souvenir d'un moment révélateur où, pour une raison ou une autre, vous avez pu apporter un véritable changement dans votre nature, était-ce parce que quelqu'un vous avait poussé à le faire ou plutôt parce que vous avez tout à coup pris conscience de quelque chose en vous que, vous en aviez la certitude, vous deviez changer? Comme de découvrir que vous déclenchiez une faiblesse chez un être cher parce que vous n'aviez jamais mesuré l'ampleur de votre besoin d'approbation. Ce que vous devez faire est on ne peut plus clair: la seule manière d'aider l'être aimé consiste à changer vous-même. Vous avez compris, je pense.

Il n'y a qu'une seule manière d'aider son partenaire à grandir, de lui donner un coup de main aimant dans les changements positifs qu'il/elle doit apporter dans sa nature, et cela consiste à lui laisser tout l'espace requis pour qu'il/elle se voie tel qu'il/elle est vraiment.

QUESTIONS ET RÉPONSES UTILES

Question: J'ai l'impression d'être coincée dans une sorte de purgatoire. D'un côté, je viens d'entreprendre une relation avec un homme merveilleux et je souhaite donner libre cours à la possibilité de l'aimer autant que j'en suis capable. D'un autre côté, je ne l'aurais jamais connu, n'eût été un salaud qui m'a brisé le cœur il y a à peine quelques mois. Mon dilemme est le suivant : je me rends bien compte que je crains de lâcher prise et de faire confiance à mon nouveau partenaire, mais je sais que, si je ne le fais pas, notre amour ne pourra aucunement mûrir. À l'aide !

Réponse : Votre étude diligente du concept qui suit vous montrera pourquoi nous devons apprendre à voir le mensonge qui se cache derrière ce genre de craintes, de même que la manière dont elles nous ont trompeusement menés dans la situation que nous voulons justement éviter.

Dans toute crainte (psychologique), le sentiment est bien réel, mais le pourquoi est un mensonge. Dans le cas qui nous occupe, pouvez-vous voir que vos craintes du moment qui vous disent que le futur sera sombre n'existent que dans la mesure où une partie de vous les imagine et revoit le passé que vous souhaitez justement ne pas revivre ? Et alors, le même esprit inconscient, celui qui est responsable de projeter cette souffrance, vous explique comment fuir ces craintes qu'il a lui-même créées.

Vous ne pouvez changer ce cauchemar en essayant de vous en protéger ou de contrôler les moments indésirables qu'il projette. Il n'y a qu'une manière d'y mettre un terme, c'est de vous secouer et de vous éveiller pour en sortir.

Question : J'ai toujours pensé que j'étais trop têtu et que j'étais tout aussi responsable que ma femme de nos conflits. De plus, je suis incapable de laisser tomber une dispute avec elle tant qu'elle n'a pas admis qu'elle l'avait déclenchée. Cependant, même si je commence à comprendre que mon point de vue est peut-être erroné, on dirait que je suis incapable de faire les choses autrement. Vos suggestions seraient appréciées.

Réponse: Vous ne pourrez pas changer cette situation tant que vous n'aurez pas reconnu les parties de vous-même qui sont responsables de la perpétuer. Donc, en gardant cela à l'esprit, et à la condition que vous désiriez vraiment connaître la véritable cause du conflit qui vous oppose, voici une solution qui, je peux le garantir, changera ces moments difficiles entre vous. La prochaine fois que vous chercherez à prendre votre femme en défaut, dites-vous simplement: « Je me trompe peut-être. ». Acceptez ensuite de considérer la possibilité que ce soit le cas. En prenant délibérément le temps d'examiner votre état d'esprit dans ces moments-là, vous découvrirez que, quelles que soient vos justifications, la négativité ne sait jamais ce qui est juste.

LEÇONS CLÉS

1. Être renouvelé par l'amour et recommencer à zéro ne sont qu'une seule et même action intérieure. Cela commence par la prise de conscience des vieux sentiments et pensées qui cherchent à vous faire voir la vie de leur point de vue, et par la décision de mettre un terme à toute relation avec eux.
2. Voici pourquoi les querelles ne changent jamais rien: votre combat n'a rien à voir avec la personne à qui vous semblez vous opposer, mais consiste plutôt à comprendre les forces contraires qui vivent en vous.
3. Il est impossible de faire véritablement preuve de patience, de gentillesse et de compassion envers son partenaire tant qu'on n'a pas appris à éclairer sa propre souffrance à la lumière d'une conscience supérieure.

Chapitre 10
L'ABC de la magie relationnelle

Les méthodes pédagogiques ont certainement changé depuis mon enfance, mais les apprentissages fondamentaux que nous devions faire à l'époque sont encore les mêmes. Présumant donc que les choses n'ont guère changé, les enfants doivent tous apprendre les mathématiques, l'écriture et, bien sûr, l'alphabet.

De la même manière, dans le but de nourrir une relation amoureuse, nous devons apprendre certains principes de base. On peut dire qu'il s'agit de l'ABC de la magie relationnelle. Cependant, le monde dans lequel nous avons grandi pour la plupart connaît peu, voire pas du tout, ces codes essentiels, des exigences en fait auxquelles on doit adhérer pour permettre à l'amour de mûrir au-delà des limites inhérentes aux demandes inconscientes que nous sommes portés à projeter sur notre partenaire.

Ce que nous avons plutôt appris sur l'amour et les relations, ce sont le bon, le mauvais et le laid de ce que nous avons observé, petits, chez les « adultes ». Non seulement le comportement de nos parents et la manière dont ils se traitaient (ou se maltraitaient) l'un l'autre nous ont-ils marqués, mais nous avons également été influencés par le rendu qu'on en a fait à la télévision ou dans les films populaires.

Disposant de peu d'autres exemples permettant de modeler nos relations, nous avons appris à répéter certains comportements courants. Ainsi, nous avons fait nôtres trois manières fondamentales mais imparfaites d'interagir avec notre partenaire particulièrement quand nous croyons qu'il nous a fait du mal.

Si je m'adressais à un groupe d'étudiants, je leur dirais, à ce stade de la présentation, de prendre une grande respiration. C'est ma manière en tant qu'enseignant de leur indiquer que ce qui va suivre risque de contredire certaines de leurs croyances ou l'image qu'ils cultivent. Par conséquent, faites de votre mieux pour ne pas vous laisser gagner par le stress et restez aussi ouvert que possible.

Alors, cher lecteur, chère lectrice, respirez à fond.

J'ai confiance : vous considérerez les réflexions qui suivent pour ce qu'elles sont, soit les amies de quiconque désire prendre conscience de l'ensemble des croyances qui vous empêchent, vous et votre partenaire, de vous aimer inconditionnellement et de les dépasser. Il n'y a nul jugement dans ce qui suit, mais je vous laisse le soin de le constater par vous-même.

Pour l'heure, et c'est le cas de la majorité d'entre nous, nous entretenons la croyance que le fait de se quereller avec l'être cher est une chose naturelle et nécessaire. Comme si on n'avait d'autre choix que de s'en prendre verbalement (voire physiquement, Dieu vous en garde) à notre partenaire chaque fois qu'il/elle pousse notre patience à bout.

De même, nous croyons que la réconciliation qui suit une querelle constitue le moyen de remettre la relation sur les rails. Parmi les moyens auxquels nous recourons pour corriger la situation, citons le « sexe réparateur », les multiples excuses, les présents ou les voyages destinés à repartir à zéro et à ne plus jamais « agir de la sorte ». Nous voyons ces gestes comme la solution à la souffrance qu'on a soit infligée, soit subie « au nom de l'amour ».

Dans cette liste de croyances, vient ensuite celle, aussi très répandue, voulant qu'il soit dans l'intérêt des deux membres du couple d'accuser notre partenaire d'être responsable de nos sentiments, c'est-à-dire de faire en sorte qu'il se sente jugé et coupable.

D'un côté, on est libéré, du moins pour l'heure, de la souffrance qu'on projette sur l'autre en veillant à ce qu'il/elle soit parfaitement conscient(e) du mal que, à nos yeux, il/elle nous a fait. En même temps, on le/la prévient en toute équité qu'il/elle doit corriger son attitude, à défaut de quoi il/elle en subira les conséquences. Dans notre esprit, il/elle devrait minimalement nous remercier de l'avoir informé(e) de ce qu'il/elle devrait faire pour corriger la situation.

Le dernier de ces gestes erronés consiste à pousser, voire à obliger notre partenaire à changer. Autrement dit, quand les deux autres méthodes s'avèrent inefficaces, comme c'est prévisible, on se tourne vers un dernier recours, soit l'intimidation.

Comprenez-moi bien, on ne se dit pas consciemment, du moins je l'espère, qu'on va forcer son partenaire à se plier à notre volonté. Mais quand on se met à lui battre froid ou à le/la menacer de le/la quitter ou de toute autre forme d'action punitive s'il/elle n'acquiesce pas à nos demandes, on lui dit en fait qu'il/elle doit changer, sinon...

Peut-être prends-je ici des risques, mais je ne le crois pas, en disant que la plupart d'entre nous savent qu'aucune de ces trois approches – la colère, les reproches ou la coercition – n'apporte du bon à qui que ce soit; aucune d'entre elles n'est utile ou apaisante. Elles sont toutes blessantes et, en fin de compte, elles aggravent les choses.

Si vous me suivez bien et si nous nous entendons pour dire que ces états négatifs ne provoquent qu'un vaste gâchis, alors il nous faudra résoudre la contradiction suivante.

Nous voulons que notre partenaire change, tout comme il est certain que c'est son désir aussi à notre endroit. On souhaite qu'il soit plus délicat, plus attentionné, plus patient ou plus compatissant de sorte que l'amour qu'on partage avec lui/elle grandisse.

D'un autre côté, on sait aussi qu'on ne peut forcer ce genre de transformation, pas plus qu'on peut ouvrir de force un bouton de rose afin d'apprécier la beauté de la fleur.

On se trouve un peu dans la même situation que si l'on faisait une crevaison sur une petite route de campagne abandonnée, sans outils pour réparer le pneu. Autrement dit, nous voulons aider notre partenaire à changer et à non seulement tenir sa promesse, mais également répondre à notre souhait que la relation soit plus forte que toute faiblesse chez l'un ou chez l'autre. Il n'y a qu'une seule manière de réaliser ce souhait.

Si, comme nous l'avons vu, nous avons été incapables de créer les conditions permettant d'aider notre partenaire à changer, il est temps d'adopter une autre méthode. C'est la seule qui reste et, de toute façon, c'est la seule qui soit efficace : nous devons l'aider à prendre conscience de la sagesse qu'il y a à changer sa nature, la nécessité de le faire de sorte que ce soit quelque chose qu'il/elle souhaite faire. Ce ne peut être notre sagesse qui le motivera, puisque nous savons comment nous avons tendance à réagir quand quelqu'un laisse entendre qu'il/elle sait ce qui est bon pour nous. Nous savons que nous n'accueillons pas volontiers ce genre de conseil.

Quel est notre rôle, alors, si nous souhaitons aider notre partenaire à prendre conscience de ce qui le limite de même que notre relation ? Voici la réponse à cette question : nous devons laisser à notre partenaire l'espace dont il/elle a besoin pour voir ce qu'il/elle ne peut encore voir en lui/elle.

La prochaine section devrait permettre de comprendre pourquoi, si nous aimons notre partenaire et souhaitons que notre amour mûrisse, on devrait accepter de créer pour lui/elle cet espace de guérison.

Renoncer à pousser son partenaire vers les ténèbres

La première des trois lettres que nous étudierons dans l'ABC de la magie relationnelle est, naturellement, l'A, qui représente l'animosité et s'exprime plus précisément sous forme de colère. Celle-ci est une force aveugle, comme nous le verrons maintenant.

Que se passe-t-il quand nous sommes en colère et exprimons notre insatisfaction à propos d'un trait qui nous agace chez notre partenaire ? Il/elle se vexe. Plus il/elle nous pousse dans nos retranchements, plus c'est la preuve à nos yeux que notre jugement initial était juste : il a un défaut et il nous revient de le corriger. Plus nous nous faisons insistants, plus il/elle résistera à se regarder lui-même/elle-même. En conséquence, plutôt que de l'aider à ouvrir les yeux, notre colère induit chez lui/elle un aveuglement qui produira l'effet contraire à celui qu'on attendait.

On ne peut forcer son partenaire à voir ce que l'on voit en lui/elle. On ne peut le/la forcer à sentir ce que l'on éprouve quand, dans son aveuglement, il/elle nous traite avec un manque de considération ou de délicatesse. Cependant, le fait que nous puissions prendre conscience non seulement de ses limites mais également du rôle que nous avons joué dans leur perpétuation change tout.

Nous avons vu que toute forme d'animosité que nous manifestons à l'égard de notre partenaire a pour effet de le/la repousser dans une sorte de ténèbres psychologiques où il/elle ne voit rien d'autre qu'une personne qui cherche à le/la blesser, un adversaire qu'il/elle doit attaquer ou fuir. On peut facilement imaginer ce genre d'aveuglement. Nous avons tous été acculés à dire ou à faire des choses que nous avons ensuite regrettées.

Cependant, nos yeux sont désormais dessillés et nous pouvons voir ce qui nous échappait auparavant. Si, dans un moment de colère, nous cherchons à montrer du doigt certaines limites que nous reconnaissons chez notre partenaire et que nous souhaiterions qu'il/elle voie, nous ne réussirons qu'à l'aveugler davantage.

Cette dernière réflexion montre la voie nous permettant de sortir de ce double pétrin dans lequel nous nous sommes coincés avec l'être aimé. Elle nous indique aussi qu'avant d'aider notre partenaire à voir et à changer un trait de son caractère, nous devons changer nous-mêmes.

Quand la personne qu'on aime nous marche sur les pieds, nous met en colère, on doit accepter de remplacer notre résistance envers lui/elle par la prise de conscience qui suit et agir en conséquence : la seule possibilité pour notre partenaire de voir ses limites consiste, de notre part, à renoncer à la colère qu'on éprouve envers lui/elle pour ne pas être la personne qu'on aurait voulu qu'il/elle soit.

Je peux presque entendre les pensées qui, je le sais, traversent l'esprit de plusieurs d'entre vous : « Ouais, c'est ça, suffit de ne plus se fâcher ! Comme si je n'avais pas essayé ça des dizaines de fois. Vraiment, comment pourrais-je arriver à ne plus éprouver ce genre de colère ? »

Par souci d'honnêteté, je dois dire que j'ai mis plusieurs jours à écrire la section suivante, précisément parce qu'il n'existe rien de tel que « trois choses simples à faire » ou « affirmations positives infaillibles » pour nous libérer de la déception ou du ressentiment que nous éprouvons quand notre partenaire semble agir contre nous ou contre nos intérêts communs.

À dire vrai, rien ne peut nous préparer à ces moments où la seule manière d'aider notre partenaire à s'élever au-dessus de ses limites consiste à voir les nôtres au même moment. Et au cas où vous en douteriez, sachez que toutes les réactions négatives sont des limites.

Si je m'explique bien, cela signifie que l'apprentissage du « comment » renoncer à ce genre de négativité ne peut être séparé du moment où elle apparaît.

Voici ce que signifie cette réflexion inhabituelle.

Tout comme nous avons appris *comment* nager *quand* on nous a jetés à l'eau ou *comment* fléchir les genoux *quand* nous avons dû soulever un poids lourd, nous devons apprendre *comment* renoncer à cette colère *quand* on découvre qu'il est impossible d'aider notre partenaire à dépasser ses limites en le malmenant.

Une réaction de négativité devant un défaut ou une faiblesse de notre partenaire n'est pas le signe de ses limites, mais bien des nôtres.

Au besoin, relisez ces dernières phrases et réfléchissez-y jusqu'à ce qu'elles vous révèlent leur sagesse. Voici ce qu'elles cherchent à communiquer: l'impatience constitue notre limite. C'est comme si l'on reprochait à notre partenaire la douleur aux pieds résultant du fait qu'on a trop serré les lacets de nos chaussures.

Nous n'avons peut-être jamais considéré ces traits comme une faiblesse, mais quel autre nom pourrait bien porter une réaction négative qui consiste à trouver une « bonne raison » d'écraser notre partenaire quand il/elle nous déçoit ne serait-ce qu'un petit peu ? Ce n'est certainement pas sa faute si notre amour à son endroit passe du beau à l'amer en moins de temps qu'il ne nous en faut pour lui reprocher notre propre souffrance.

Pourquoi il est inutile de reprocher sa souffrance à son partenaire

Le B, deuxième lettre de l'ABC de la magie relationnelle, représente le blâme, plus précisément sous la forme de reproches. Colère et reproches vont main dans la main dans leur aveuglement, comme l'illustre l'énoncé suivant: parmi les choses qui nous empêchent de voir nos propres limites, il y a les reproches que nous faisons à notre partenaire quand il cherche à nous en rendre conscients. Cela peut paraître déroutant de prime abord, mais cela devient clair quand on examine ses propres expériences passées.

Combien de fois une personne qu'on aime a montré du doigt, particulièrement quand on n'est pas sur ses gardes, certaine caractéristique pas si agréable nous concernant ?

Quelle est notre réaction immédiate quand notre partenaire nous souligne un défaut ou une faiblesse qu'il observe en nous alors que nous ne le voyons pas ? Le remercions-nous de nous avoir montré cette partie négative de nous-mêmes ou, au contraire, ne réagissons-nous pas en nous sentant attaqués et en nous défendant ? En un instant, nous nous rangeons du côté d'un élément de notre nature qui cherche à rester caché, alors que nous savons que le seul espoir consiste à le transcender dans le but de le prendre pour ce qu'il est, c'est-à-dire une limite.

Rappelez-vous les leçons antérieures : rien de ce qui se dissimule en nous ne peut guérir ; en outre, notre partenaire joue en quelque sorte le rôle d'un agent secret dont la tâche consiste à nous faire de telles révélations. On ne peut trop insister sur ce dernier concept : nous sommes l'autre moitié de toute expérience agréable ou pénible que nous vivons avec notre partenaire. Nous sommes l'autre moitié de la joie que nous partageons tout aussi bien que de la souffrance que nous éprouvons ensemble.

Pouvez-vous voir l'extraordinaire secret qui vous est révélé ici et comment cette sagesse, une fois intégrée, correspond à la force qu'il vous faut manifester pour laisser tomber le jeu des reproches une fois pour toutes ?

D'abord, faire des reproches à notre partenaire pour la souffrance qu'on éprouve ne change rien, puisque rien de ce qu'on peut lui reprocher n'a le pouvoir de nous changer.

Plus important encore, en gardant cela à l'esprit, imaginez un instant le scénario qui suit en l'appliquant à vous-même à partir des découvertes que nous avons faites ensemble : « encore une fois », votre partenaire dit ou fait quelque chose qui vous irrite et vous voilà de nouveau en colère et prêt à lui reprocher votre souffrance.

Cependant, vous comprenez désormais qu'il n'est pas le seul impliqué dans l'apparition de cette souffrance. En fait, il n'a fait que vous aider à voir les parties limitées de vous-même qui réagissent toujours de la même manière négative pour la même raison indésirable.

En effet, c'est un choc ; chaque révélation qui précède la guérison qu'elle permet exerce ce même effet. Vous prenez alors une bonne respiration et, à la lumière de votre prise de conscience, choisissez d'agir autrement, d'une manière que vous n'auriez jamais crue possible : plutôt que de reprocher à votre partenaire de vous faire prendre conscience de certaines de vos limites, vous vous dites intérieurement : « Merci bien, je ne savais pas cela de moi-même. » Alors, le miracle commence : à mesure que votre résistance habituelle à ce qu'il vous révèle de vous-même disparaît, son insistance à vous voir changer disparaît aussi puisque c'est exactement ce que vous faites à l'instant. Plutôt que de rejouer de vieux ressentiments, une nouvelle forme d'amour grandit entre vous. Un respect mutuel s'installe sans effort et remplace la demande que vous en faisiez.

Tout usage de la force en vue de changer son partenaire est vain

Avant d'étudier la troisième lettre de l'ABC de la magie relationnelle, je tiens à m'assurer que je n'ai pas émis des idées erronées qui risqueraient d'obscurcir la leçon centrale de cette dernière partie.

Je ne dis pas qu'on ne devrait pas éprouver de la souffrance pour un geste que notre partenaire pourrait avoir commis par étourderie.

Je ne dis pas non plus qu'on devrait excuser notre partenaire de nous maltraiter, ni qu'il ne doit pas s'amender le cas échéant. En fait, prétendre qu'on ne se sent pas blessé par son partenaire constitue une sorte de poison ; cela détruit la possibilité de travailler ensemble pour révéler, guérir et transcender ce qui reste incomplet en nous et entre nous.

La colère et les reproches envers son partenaire n'ont d'autre résultat que d'empêcher les deux partenaires de reconnaître la véritable raison pour laquelle ils ont formé un couple au départ, c'est-à-dire s'aider mutuellement à voir les parties de chacun qui freinent la possibilité de partager des niveaux d'amour de plus en plus élevés et à les dépasser. En gardant cette idée à l'esprit, penchons-nous sur la lettre C de l'ABC de la magie relationnelle, qui représente la coercition.

Le mot coercition signifie « action de contraindre ». Contraindre signifie « obliger quelqu'un à agir d'une certaine manière, l'amener à telle action, tel état, malgré sa volonté, son désir[15] ». Cela peut paraître extrême, mais ça ne l'est pas tant que ça.

On n'a peut-être jamais vu la chose ainsi, mais n'est-ce pas exactement dans le but de ramener notre partenaire dans le droit chemin, de lui imposer notre volonté, qu'on le/la boude, lui bat froid ou lui jette un regard de désapprobation ?

Nul n'a besoin d'interprète pour comprendre ces messages non verbaux. Nous savons ce que cela signifie : « Quelque chose chez toi m'irrite, alors change, et plus vite que ça ! » Si notre partenaire ne tient pas compte de ces premiers signaux, alors on finira par employer des mots de menace dont le sens ne pourra lui échapper : « Ou bien tu changes, ou bien tu devras en subir les conséquences ! » Ce sont là des moments de désespoir. Après tout, quel autre choix a-t-on ?

Jusque-là, rien de ce qu'on a pu dire ou faire à son partenaire n'a entraîné de changement d'attitude. À nos yeux, il est clair qu'il/elle ne nous aime pas, du moins pas autant qu'on l'aime, autrement il/elle se serait déjà plié à notre demande antérieure, alors moins énergique, de changer. En somme, nous voyons son refus de changer les choses qui nous perturbent comme un rejet de notre amour. Mais ce n'est pas le cas. Nous confondons incapacité et refus. Rien ne pourra changer chez lui/elle ni entre nous deux tant que nous n'aurons pas compris cette distinction importante.

Ce n'est pas que notre partenaire ne veuille pas dépasser ses limites. Il suffit d'y penser une minute ; personne ne choisirait volontairement de ne pas être à la hauteur de ses possibilités. Ce que nous considérons chez lui/elle comme un refus entêté

15. Dictionnaire Larousse en ligne : larousse.fr/dictionnaires/francais/contraindre/18667?q=contraindre#18561.

de reconnaître un défaut n'est en fait qu'inconscience de sa part.

Prenons un moment pour examiner de plus près la cause de cette perception erronée, de même que toute la souffrance qui l'accompagne.

D'abord, nous entretenons la croyance qu'en montrant du doigt un défaut chez notre partenaire, il prendra conscience de ce défaut, ce qui constitue une erreur. Si vous en doutez, une réponse honnête à la question suivante vous en fournira la preuve : arrivez-vous à voir vos propres défauts quand votre partenaire cherche à les souligner, ou ne croyez-vous pas plutôt qu'il/elle cherche simplement à vous prendre en défaut, voire à douter de votre perfection ?

Ensuite, la compulsion qui commande nos demandes de changement chez notre partenaire résulte de notre insistance aveugle à ce qu'il se libère de ses limites, au même titre qu'on croit l'être soi-même.

Notre insistance à ce qu'il voie la paille dans son œil nous empêche de voir la poutre dans le nôtre, si bien que, d'un côté, nous cherchons à le forcer à voir un défaut qu'il n'a pas encore reconnu chez lui, et, de l'autre, nous souffrons du même genre d'aveuglement. On ne se rend pas compte qu'on est soi-même bien loin d'être à la hauteur de ce qu'on attend de lui, c'est-à-dire un être patient, compatissant et aimant.

En résumé, on ne peut forcer son partenaire à voir ses limites. On ne peut que le libérer pour qu'il puisse le faire. Ce qui nous amène à la dernière section de ce chapitre et du livre.

Deux exercices particuliers pour mûrir ensemble

Si nous voulons aider notre partenaire à changer, nous devons changer nous-mêmes. Il n'y a pas d'autre manière. De plus, à moins d'être béni des dieux, il y a peu de chances que notre partenaire désire la même chose que nous, c'est-à-dire de continuer à mûrir et à explorer un amour qui, au départ, a donné lieu à des changements étonnants, mais qui a perdu un peu de cette étincelle parce que l'un des deux ou les deux ont cessé de changer.

Bref, il y a de fortes chances que vous soyez la personne qui initiera le travail nécessaire au renouvellement de votre relation. Pas de problème. Les deux exercices qui suivent vous permettront de le faire sans difficulté. Ils se déroulent en deux temps.

En premier lieu, vous initierez le mouvement et recevrez la révélation qui vous aidera à apporter un certain changement en vous. En second lieu, votre partenaire découvrira ce changement chez vous. En conséquence de votre changement de comportement à son égard, il/elle ne pourra s'empêcher d'observer sa propre nature mécanique, qui ne connaît que la vieille manière de réagir à votre endroit.

En effet, votre nouveau comportement contribuera à lui révéler ses limites, si bien que, à ce moment-là, il/elle découvrira qu'il/elle doit changer. On est tout près de ce qu'on appelle une situation gagnant-gagnant. Il s'agit ici de la meilleure manière pour deux personnes de réaliser les possibilités les plus élevées que permet une relation.

Premier exercice : Regardez à l'intérieur de vous avant de lui dire ses quatre vérités

Supposons que vous êtes avec votre partenaire et que vous voyez dans son comportement quelque chose qui touche une corde sensible en vous. Peut-être est-ce une manifestation d'impatience, un mensonge évident, ou simplement le ton désagréable de sa voix quand il/elle prononce des mots indélicats ou qui semblent autrement pénibles à votre oreille. Les possibilités ici sont innombrables, mais disons qu'il s'agit d'un « caillou » qu'il/elle semble vouloir déposer dans votre chaussure à ce moment-là.

Vous sentez qu'une réaction négative monte en vous, généralement soutenue par une pensée muette du genre : « Et voilà que ça recommence. » Généralement, ce qui se produit ensuite, c'est que vous croyez devoir exprimer à haute voix ce sentiment négatif.

Après tout, si vous ne soulignez pas sa faute, comment saura-t-il/elle que c'en est une, encore moins que cela vous dérange ?

Heureusement, grâce aux notions vues dans ce livre, vous comprenez que peu importe ce que vous avez l'intention de dire à votre partenaire à ce sujet, le seul résultat sera de le/la pousser à s'opposer immédiatement à vous et, du coup, à rejeter vos observations. Si bien que, désormais, plutôt que de jouer votre rôle habituel dans le vieux schème, vous réagissez selon votre nouvelle intention, c'est-à-dire que vous regardez à l'intérieur de vous avant de parler. Et que voyez-vous ?

Quel que soit le nom que vous lui donniez, une certaine forme de souffrance apparaît – colère, ressentiment, déception. Cependant, vous échappez à cette négativité dans la mesure où votre découverte de sa nature inconsciente vous libère de sa compulsion de prouver qu'elle a raison. Votre combat conscient pour supporter la pression qu'elle exerce sur vous, pour ne pas vous laisser entraîner à parler, contribue à protéger votre partenaire du poids de sa nature obscure.

Vous vous transformez aussitôt puisque, désormais, grâce à l'exercice consistant à vous recueillir avant de parler, vous voyez nettement cette personne que vous ne souhaitez plus être.

Tandis que vous prenez conscience de ces révélations, votre partenaire vous observe. Ce n'est peut-être pas évident mais, au moment où il/elle a commis un impair, il/elle pouvait sentir votre réaction négative. Même si vous croyiez l'avoir cachée de crainte d'une querelle indésirable, votre partenaire a senti cette énergie sombre, qu'il/elle a inconsciemment enregistrée et qui provoque en lui/elle une réaction contraire. Par conséquent, il/elle attend, bien qu'inconscient(e) qu'il/elle se prépare à se défendre contre l'attaque verbale qu'il/elle attend de vous.

Cependant, nul mot négatif ne sort de votre bouche. Vous êtes occupé à en apprendre sur vous-même, et votre silence est assourdissant pour lui/elle. Il lui offre l'espace momentané, et la liberté, dont il/elle a besoin pour voir que les seules choses pénibles pour l'instant sont ses propres pensées et sentiments défensifs. Il/elle est prêt(e) à combattre, mais votre silence le/la prive d'un ennemi. Il/elle reste seul(e) avec sa souffrance, sans personne à qui reprocher son état de tension. Cette nouvelle conscience lui permet de prendre la mesure de ses propres limites, qu'il ne connaissait pas jusque-là. Ce qui était caché est révélé, et la guérison peut s'amorcer, puisqu'il/elle a compris la nécessité de changer.

Deuxième exercice : Laissez tomber votre partie de cette lutte invisible

Toute forme de compétition entre des partenaires engendre le conflit, particulièrement sous la forme inconsciente qu'elle prend dans ce qui semble, superficiellement, être une conversation ordinaire.

Cela commence quand, disons, vous désirez raconter à votre partenaire un événement qui s'est produit dans la journée et, peut-être, ce que vous en avez appris ; ou encore, lui parler de certaines conditions de travail ou de vie qui vous préoccupent.

Vous avez à peine terminé votre phrase que votre partenaire vous interrompt. Il/elle a décidé sur-le-champ de changer de sujet de conversation pour parler de quelque chose de nettement plus intéressant, c'est-à-dire lui/elle.

Que vous le montriez ou non, vous êtes blessé. Vous réagissez alors de l'une ou l'autre de ces deux manières : ou bien vous ramenez la conversation vers le sujet qui vous intéresse, ou bien vous laissez votre partenaire parler tout en vous faisant la réflexion qu'il/elle est égoïste.

Bien sûr, vous pourriez lui parler de son égoïsme avec sa manière de toujours monopoliser l'attention mais, en règle générale, il/elle ne voit vos commentaires que comme la preuve que vous désirez toute l'attention. Si vous souhaitez changer les choses et mettre fin à cette lutte acharnée, l'exercice suivant pourrait vous aider.

La prochaine fois que vous commencerez à parler de vous-même et que votre partenaire ramènera la conversation sur sa personne, laissez-le/la prendre la vedette. Évitez de rivaliser avec lui/elle. Laissez-lui plutôt l'espace nécessaire pour alimenter les parties de sa personne qui croient être les seules dignes d'attention dans ce monde.

Ne contestez pas sa performance solo. Et autant que possible, ne le/la jugez pas. Placez-vous plutôt en témoin de cette performance et, en même temps, de vous-même. Vous verrez que l'essentiel de la souffrance que vous éprouvez à ce moment-là ne vient pas du fait que votre partenaire cherche à vous ravir la vedette, mais plutôt parce que vous désirez la même chose que lui/elle, soit de l'attention.

Nous désirons tous être la principale attraction, certains plus que d'autres. Plus cela vous apparaîtra clairement, moins vous vous intéresserez à ces parties de vous-même qui combattent constamment dans ce but.

D'un autre côté, en laissant à votre partenaire la scène entière, vous l'aiderez à comprendre à quel point il est vain de chercher à y figurer seul. Il ne changera peut-être pas – probablement pas, en fait – de comportement d'emblée, mais, pour avoir choisi de ne pas rivaliser pour le premier rôle, vous recevrez le prix « Liberté » du meilleur acteur de soutien.

L'amour comme solution

Vous avez peut-être lu le classique *Le comte de Monte-Cristo* d'Alexandre Dumas, ou encore vu l'une des nombreuses adaptations qu'on en a fait au cinéma au cours des cinquante dernières années.

En bref, c'est une histoire forte qui se passe dans une ville côtière française du début du XIXe siècle et dans laquelle l'amour entraîne les trois personnages principaux dans une grande aventure à la découverte d'eux-mêmes, qui se soldera par la prise de conscience de ce qui compte le plus dans leur existence.

Edmond Dantès, le héros, est accusé d'un meurtre qu'il n'a pas commis par Fernand, un ami de longue date qui est, en fait, le véritable coupable. Fernand est tellement jaloux de l'amour que l'héroïne, Mercédès, porte à Edmond qu'il fait en sorte que celui-ci soit jeté dans une prison infernale d'où il ne pourra jamais s'échapper et où il mourra. Quand, à l'issue de longues années abominables en captivité, Edmond réussit à s'échapper grâce à une suite improbable de coïncidences, il met au point un plan sophistiqué dans le but de se venger de ceux qui l'ont trahi.

Vers la fin de l'histoire, Mercédès, qu'Edmond n'a jamais cessé d'aimer et qu'elle aime en retour, voit clair dans son jeu (il a pris la fausse identité de comte de Monte-Cristo) et découvre son projet de vengeance contre Fernand. Elle le supplie de ne pas céder à la colère, de renoncer à la rage qui l'habite et de remplacer toute haine par le souvenir des bons moments qu'ils ont passés ensemble avant que le destin ne les sépare. À ce moment-là, et c'est la raison de ce court résumé, il lui donne une réponse incroyablement honnête et brutale, que je paraphrase ici :

« Je t'en prie, ne m'enlève pas la haine. C'est la seule chose qu'il me reste. »

Il plaide pour qu'elle le laisse seul afin qu'il puisse se venger comme il en avait l'intention. Il lui dit que c'est seulement ainsi qu'il pourra reprendre la vie qu'on lui a volée.

Inutile d'en dire plus sur cette scène qui constitue le point tournant de l'histoire. À la fin, elle l'aide à se souvenir de ce qui compte le plus. Il lâche prise et ils tombent dans les bras l'un de l'autre. L'amour a gagné la bataille.

Dans cette histoire, Fernand et Edmond – les deux principaux personnages masculins – jouent des rôles contraires ; le premier trahit son ami dans le but de se faire aimer de Mercédès qui, il le découvre trop tard, ne sera jamais sienne, et le second est l'ami qu'il trahit.

Mercédès, principal personnage féminin, représente la sagesse supérieure. Elle comprend qu'il n'y a pas de gagnant dans un combat quand celui-ci a pour conséquence la perte de ce qui compte le plus, soit l'amour.

Si je me donne la peine de résumer cette partie de l'histoire d'amour, c'est dans le but d'étudier la relation d'Edmond et Mercédès afin qu'on puisse s'en servir comme d'un miroir. Nous y verrons certaines similitudes avec notre propre relation amoureuse et, si nous y regardons de près, de merveilleuses possibilités nouvelles.

Vous êtes-vous déjà laissé entraîner dans une querelle avec l'être cher à propos d'une question des plus triviales qui, tandis que vous défendiez votre point de vue bec et ongles, vous semblait à ce moment-là aussi importante que si votre vie en dépendait ?

Nous avons tous connu des moments semblables, peut-être trop souvent. Il est donc étonnant qu'on n'ait pas encore compris qu'il n'y a jamais de gagnant dans une querelle entre deux personnes qui s'aiment. Pas plus qu'il ne s'est avéré qu'un siège était meilleur qu'un autre sur le pont du *Titanic*.

Ce qui ne signifie pas qu'il n'y a pas ni n'y aura plus de divergences d'opinions dans le couple ; c'est normal, voire nécessaire. Il y aura toujours des dissimilitudes sans qu'on puisse en conclure pour autant que l'un a tort et que l'autre a raison. Certaines mésententes pourraient naître de points de vue différents quant au bien-être d'un enfant, ou d'une question concernant les objectifs du couple et la manière de les réaliser pour le bien de tous. Il importe ici de distinguer le fait d'avoir des positions différentes dans la quête d'une solution commune de celui d'imposer son opinion à son partenaire.

Nos demandes ne prouvent jamais qu'elles sont justes, pas plus que notre négativité ne prouve que notre partenaire a tort. La seule chose que ce genre de stress et de tension prouve, c'est qu'il nous manque au moins une pièce dans le casse-tête de ce conflit avec notre partenaire.

Quelle est cette pièce manquante ? On peut l'appeler l'amour. Mais si ce mot, ou l'idéal qu'il représente, avait le pouvoir de préserver notre couple alors que tout semble vouloir nous séparer, particulièrement au beau milieu d'une dispute, alors nous n'aurions qu'à le prononcer pour que la situation se normalise.

Autrement dit, l'amour n'est pas qu'un mot, c'est aussi une action. C'est quelque chose qu'on choisit quand on voit, à la lumière d'un ordre de compréhension supérieur, qu'il existe un enjeu plus important que celui de chercher à satisfaire nos intérêts égoïstes.

Dans ce cas, cette nouvelle action consisterait à se servir du début d'un conflit, peu importe qui l'a initié, pour essayer d'atteindre quelque chose de plus grand que le titre fugace de « roi de la montagne ». En d'autres mots, plutôt que de vous quereller avec votre partenaire, luttez pour vous rappeler combien il est destructeur pour votre amour de vous en prendre violemment l'un à l'autre à propos de n'importe quoi.

Si j'anticipe ce que vous ressentez ici, je répondrai à cette peur : ne luttez pas pour prendre le dessus sur une pensée qui cherche à vous convaincre que si vous ne combattez pas en retour, votre partenaire vous passera sur le corps. Luttez plutôt pour voir combien de souffrance il y a dans toute compulsion, de votre part ou de celle de votre partenaire, à vouloir avoir le dernier mot. Alors, vous ne souhaiterez pas obtenir ce genre de pouvoir pour vous-même ni malmener votre partenaire pour la même raison.

Si nous osons interrompre le schéma habituel des querelles avec notre partenaire et faire une courte pause le temps de considérer cette nouvelle action, nous verrons alors ce que l'amour a voulu nous montrer dès le début, à savoir que toute querelle entre deux partenaires, au cours de laquelle l'un des deux cherche à prouver qu'il a raison et que l'autre a tort, ne résulte pas du fait que l'un en connaît plus que l'autre, pas plus qu'elle n'est le produit de l'amour. Dans ces moments-là, on se querelle pour une seule raison, quel que soit le nom qu'on lui donne, soit : parce que l'amour est absent.

D'une certaine manière, c'est tout ce qu'on a besoin de savoir et de voir, parce que quand ce moment révélateur se présentera, on ne sera pas tenté de partir en quête d'une autre solution, fausse. Si l'on se rend compte, ne serait-ce que vaguement, que l'amour est la seule réponse, alors notre propre réaction sera de refuser la querelle.

Soulignons aussi qu'il est probable que votre partenaire ne comprenne pas ce que vous essayez de faire et continue à vous chercher querelle. Cependant, tôt ou tard, il/elle verra qu'il est inutile de le faire dans la mesure où votre ancien moi n'est plus là et qu'il n'y a donc personne à combattre. Chaque fois que vous déciderez de le/la laisser seul(e) avec son hostilité, mais sans ennemi pour la légitimer, il/elle n'aura pas d'autre choix que de lâcher prise, quel que soit le sujet du débat. Cela pourrait prendre un certain temps, mais vous assisterez bientôt à la naissance d'une toute nouvelle relation entre vous deux.

L'amour vient avec l'exercice

Une musicienne brillante mais encore très jeune se rend chez son maître, un pianiste qui lui donne des leçons. Sachant que les performances en public suscitent chez elle une tension telle qu'elle risque de se tromper dans ses notes, elle est effrayée par la perspective d'un récital prochain et a donc décidé de lui demander conseil, voire sa bénédiction.

« J'essaie vraiment, dit-elle, mais on dirait que je ne fais aucun progrès quand je donne un concert. » Elle respire profondément, soupire juste assez fort pour que son maître l'entende dans l'espoir qu'il lui manifeste quelque sympathie, puis continue : « J'aimerais être comme vous. J'aimerais pouvoir jouer de manière impeccable devant un public, comme vous le faites. »

Elle le regarde brièvement pour voir s'il réagit. Mais si c'est le cas, il ne le montre pas, ce qui la pousse à compléter sa pensée.

« Quand je joue seule ou pour un ami, je n'ai aucun problème. Pas de pépins, de notes sautées, chaque mouvement semble être parfait. Mais quand ça compte, quand c'est le moment de jouer brillamment devant un public, j'ai l'impression que tout ce que j'ai appris à force de travail, tout cela s'évapore comme si je n'avais jamais répété le morceau. »

Le maître la regarde en levant légèrement les sourcils, sachant qu'elle a autre chose à lui dire. Elle poursuit donc en lui posant la question qu'elle avait en tête quand elle est venue le voir.

« S'il vous plaît, maître, que suis-je censée faire ? Comment atteindrai-je le niveau me permettant de jouer aussi bien devant un auditoire que quand je suis seule ? »

Il sourit pour la mettre à l'aise, puis lui dit : « Il y a bien des années, je suis allé voir mon maître pour lui poser exactement la même question. Voulez-vous savoir ce qu'il m'a répondu ? Parce qu'il se trouve que ce que j'ai appris cette fois-là, la réponse qu'il m'a donnée, c'est aussi celle que je vous donnerai… si vous le souhaitez. »

« Je vous en prie, dit-elle. Je le souhaite vraiment. »

« Mon maître m'a dit que sans l'exercice, il n'y a pas de perfection, mais que la véritable maîtrise d'une pièce musicale vient avec son jeu répété dans les conditions les plus difficiles. Vous comprenez cela, n'est-ce pas ? » lui demande-t-il.

Elle répond que oui, ajoutant quelque chose qu'elle n'avait pas eu l'intention de dire : « Mais pourquoi doit-il en être ainsi ? »

« Parce que c'est seulement alors, dans ces moments auxquels aucune répétition ne vous aura préparée, que vous découvrirez vos limites. »

Il lui sourit à nouveau, en partie dans le but de l'encourager, et aussi parce qu'il se rappelle avec gratitude que son parcours pour devenir le maître respecté qu'il est a commencé le jour où son propre professeur lui a posé la question qu'il s'apprête à poser à son étudiante.

« Ne voyez-vous pas qu'il ne nous serait jamais possible de prendre conscience de nos imperfections, quel que soit notre niveau de performance, s'il n'y avait pas déjà quelque chose de parfait en nous ? »

À son air, il se rend compte qu'elle ne le suit pas très bien. Il réfléchit à la meilleure manière d'éclaircir son propos, puis ajoute:

« Pensez à ceci: tout comme on ne pourrait voir sa propre ombre n'eût été la lumière du soleil qui la révèle, on ne pourrait voir ses propres limites sans que quelque chose – donnez à cette présence le nom qui vous plaît – nous les montre. La lumière que jette cette conscience supérieure nous permet de voir non seulement les niveaux infinis de cette musique qui attend d'être jouée avec plus de perfection, mais également que, grâce à la compréhension tirée de cette prise de conscience... nous sommes invités à la jouer. »

« En effet, dit-elle, quoique je n'avais jamais vu les choses ainsi. »

« Examinons plus à fond cette idée. Comment pourriez-vous expliquer qu'il y a plus dans le passage que vous venez de jouer que ce que vous avez été capable d'exprimer si ce n'est que, d'une certaine manière, il vous le dit ? »

« Oui, dit-elle avec plus d'enthousiasme. Évidemment. Si je vous comprends bien, vous me dites que bien que nous ayons un rôle défini dans son accomplissement, nous ne sommes pas ceux qui perfectionnent la musique qu'ils jouent. C'est plutôt la musique qui nous améliore, de sorte que nous puissions la jouer avec plus de perfection. »

« C'est bien cela. Essayez de ne pas l'oublier. Nous ne nous exerçons pas dans le but de nous prouver à nous-mêmes que nous sommes compétents. Comme vous l'avez vu et, je l'espère, appris, cette approche donne naissance à la crainte et au doute. Nous nous exerçons dans le but de découvrir nos limites et notre capacité illimitée à les transcender. En nous montrant le plus fidèles possible à cette compréhension et en épousant les révélations qu'elle nous apporte, le reste viendra. »

Il en va de même de l'amour.

Choisir l'amour pour se libérer

Nous ne perfectionnons pas l'amour, mais si nous décidons de nous y exercer de l'une des nombreuses manières présentées dans ce livre, alors, en retour, il nous aidera à parfaire les liens que nous entretenons avec notre partenaire. En retour de ce travail qu'il nous demande de faire, il nous offre deux présents d'une valeur incommensurable. D'abord, la possibilité de découvrir les parties de soi qui nous empêchent de réaliser l'amour inconditionnel que nous souhaitons partager avec notre partenaire. Ensuite, en échange de notre volonté d'épouser ces révélations apaisantes – sans résister à leur apparition –, il nous offre le plus beau des deux présents, à savoir: dans la lumière où l'amour nous montre notre imperfection à aimer, non seulement voyons-nous la possibilité de transcender ce niveau de moi limité, mais parvenons-nous à y renoncer si nous le souhaitons. C'est le mot « souhaitons » qui compte ici.

L'amour supérieur, la patience et la tendresse inconditionnelles qui guérissent les vieilles plaies, qui nous permettent d'être plus compatissants, délicats, encourageants et tolérants vis-à-vis des limites de notre partenaire, est un choix qu'on doit faire non seulement chaque jour, mais en tout temps et dans toutes nos relations. C'est une pratique que nous devons adopter, à défaut de quoi nous perdrons son don précieux.

Avant donc de mettre un terme à cette dernière partie du livre, revoyons douze leçons importantes que nous avons vues ensemble. À première vue, elles peuvent sembler différentes, mais elles ne suivent qu'un seul fil directeur: chacune constitue une invitation secrète à pratiquer l'amour. Toutes proposent une nouvelle manière de considérer les moments indésirables qu'on vit avec son partenaire en renonçant à son propre point de vue, le temps de voir non seulement celui de l'autre, mais aussi qu'aucun de ces deux points de vue ne rend compte de l'ensemble de la situation.

Pris ensemble, ils laissent entrevoir la possibilité que nous sommes tous sur un parcours sans fin, parfaitement guidés par l'amour dans le but de réaliser le partenariat parfait non seulement avec l'être aimé, mais avec l'Amour lui-même, qui ne souhaite que nous parfaire.

1. Dans nos relations, nos véritables difficultés viennent de ce qu'on ne comprend pas de nous-mêmes.
2. Nos relations contribuent à révéler ces choses dissimulées en nous qui nécessitent une guérison.
3. Une fois qu'on comprend le sens des mots « se voir soi-même » et qu'on accepte qu'une telle révélation soit l'annonce de la guérison à venir, non seulement on comprend ce que signifie le fait d'accepter les autres tels qu'ils sont, mais on apprend également à être silencieusement reconnaissant de ce qu'ils nous enseignent sur nous-mêmes quand ils traversent notre existence.
4. Se voir tel que l'on est nous permet de comprendre ce que notre partenaire voit en nous au même moment.
5. Ce n'est pas en ignorant les différences du couple qu'on cessera de s'en irriter, mais plutôt en apprenant à s'en servir – comme le joaillier se sert de sa meule – dans le but de nous parfaire tous les deux, non seulement en tant qu'amants et amis, mais aussi comme individus.
6. Dans toutes les querelles de couple, les deux partenaires sont responsables de ce qui arrive aux deux.
7. Les forces contraires sont impuissantes à changer leurs propres schèmes ; elles ne peuvent que se reproduire elles-mêmes.
8. Contre toute apparence, aucun des deux partenaires ne commence la dispute. C'est la souffrance qui attaque en premier.
9. La souffrance qui émerge d'un conflit n'appartient pas exclusivement à l'un ou à l'autre des deux partenaires. Elle existe parce que les deux trempent dedans, ce qui signifie que celle de notre partenaire est aussi la nôtre.
10. Les deux partenaires sont ensemble dans le but de s'aider l'un l'autre à s'aimer à la perfection.

11. Nos réactions négatives n'ont aucune conscience d'elles-mêmes, ce qui signifie non seulement qu'elles sont aveugles, mais aussi qu'elles sont incapables d'aimer quoi que ce soit.
12. Si nous assumons notre charge de travail, l'amour fera le reste, à la condition de vouloir le mettre à l'épreuve. Avec l'amour, tout est possible.

QUESTIONS ET RÉPONSES UTILES

Question: J'ai le sentiment que notre relation est dans un cul-de-sac. Je ne crois pas qu'il en soit conscient, mais je le suis certainement. Je l'aime mais je n'arrive pas à me débarrasser de ce vieux ressentiment qui réapparaît chaque fois qu'il manifeste un côté de sa nature que je ne supporte pas. Je lui en ai parlé, mais il ne comprend pas de quoi il s'agit. Il ne semble pas vouloir changer et, de mon côté, je n'arrive pas à me débarrasser de mon ressentiment. Comment briser ces chaînes?

Réponse: Tout ressentiment croissant envers notre partenaire commence par le fait de fermer les yeux sur la similitude qu'il y a entre un trait de notre caractère et celui qu'on juge chez lui. Voici un indice: la faiblesse se précipite toujours sur la faiblesse. Pour mettre un terme à un tel ressentiment, il suffit de comprendre et d'accepter cela. Dans cette révélation, se trouve également le germe de la compassion.

Aussi convaincue que vous soyez que c'est la fin de votre relation, n'oubliez jamais que rien, dans l'univers, ne peut vous empêcher de la reprendre à zéro, sinon la tentation de vous identifier aux parties inconscientes de vous-même qui cherchent à vous laisser croire que les limites de votre compréhension quant à votre situation indésirable équivalent à celles de vos possibilités de les transcender.

Question: D'abord, je dois reconnaître que vos idées sur ce qu'on doit faire pour être un partenaire aimant et attentionné me rebutent plutôt. Cependant, je dois aussi admettre qu'aucune de mes propres idées n'a permis d'améliorer notre relation. J'essaie donc de faire preuve d'ouverture envers vos suggestions, mais une petite voix me dit: «À quoi bon? Tu n'as pas ce qu'il faut pour aller au bout de ce parcours.» Je me sens coincée. Tout commentaire serait apprécié.

Réponse: Premièrement, ce n'est pas à vous de décider de vous rendre à ce que vous imaginez être le bout des possibilités de l'amour, car l'amour et ses possibilités sont infinis, dans tous les sens du mot. Oubliez tout le reste, sauf ceci: votre travail consiste simplement à faire le premier pas, ni plus ni moins. Le reste se produira naturellement, comme ce qui suit l'illustre bien.

Imaginez un homme marchant sur un raidillon de montagne. Devant lui, il n'y a que cette pente raide qui lui semble impossible à gravir. Cependant, il avance pas à pas jusqu'au moment où, convaincu qu'il ne pourra en faire un de plus, il atteint une saillie d'où il peut voir, plein de gratitude, un panorama d'une telle beauté qu'il en a presque les larmes aux yeux. Il est reconnaissant d'avoir fait ce dernier pas, à défaut de quoi il n'aurait jamais su qu'un tel endroit existait, à la disposition de quiconque relevait le défi de s'y rendre. Tous ses doutes et même sa fatigue s'évaporent. Il lève les yeux et ne peut s'empêcher de vouloir monter plus haut.

C'est parce qu'il existe des endroits comme celui-là, non seulement sur une montagne lointaine mais en latence dans les profondeurs de votre être, que votre nature inférieure emploie un ton désobligeant; elle veut vous décourager d'entreprendre votre périple à la découverte de l'amour supérieur. Étrangement, elle sent que le moindre petit pas que vous faites dans cette direction a pour effet de vous soustraire, ainsi que votre relation avec l'être cher, à son influence. Par conséquent, faites ce premier pas, aussi petit, chancelant et incertain soit-il. Faites-le. Laissez l'amour vous prouver que ce qu'il vous demande, aussi impossible que cela puisse paraître sur le coup, il vous le rendra dans les moments difficiles.

LEÇONS CLÉS

1. Notre tâche avec ceux qu'on aime ne consiste pas à les pousser au bout de ce que nous croyons être l'accomplissement de leurs possibilités. Toute forme de coercition pour atteindre ce but garantit que ni soi, ni notre partenaire ne l'atteindra jamais. Si nous voulons que celui-ci/celle-ci change, nous devons être prêt à affronter avec lui/elle toute forme de limite, jusqu'à ce que les deux voient la nécessité de l'abandonner pour prendre un nouveau départ.
2. Étudier les concepts supérieurs de l'amour sans les accompagner de l'exercice nécessaire à leur intégration, c'est comme déposer des grains de blé en rangs sur une tablette dans le fond d'une armoire en espérant qu'ils y produiront une belle récolte.
3. La souffrance, peu importe où et comment elle apparaît dans la relation, peut rester – comme cela a été le cas – un germe de détresse qui tôt ou tard se transformera en ressentiment. Ou encore, nous pouvons décider de nous en servir consciemment pour la transformer en quelque chose de nouveau, de vrai et de beau : un nouveau niveau de compréhension de soi, la prise de conscience d'un ordre d'amour supérieur en nous et entre les deux partenaires qui ne pourra jamais se retourner contre autrui.

L'amour est la magie qui transforme toute chose en pouvoir et en beauté. Il tire l'abondance de la pauvreté, le pouvoir de la faiblesse, le charme de la difformité, la douceur de l'amertume, la lumière de l'obscurité, et produit toutes les conditions merveilleuses à partir de son essence substantielle mais indescriptible[16].

James Allen

16. James Allen. *The Spiritual Writings of James Allen*, Allemagne, Jazzybee Verlag, 2014.

Quelques derniers mots d'encouragement

Il est évident que certaines expériences ont plus d'impact que d'autres. Le fait est que notre existence s'écoule majoritairement sans qu'on en soit conscient, comme si on se tenait sur le bord d'une grande rivière et qu'on ne prenait conscience de son flot paisible que lorsque ses eaux charrient quelque chose qui attire le regard.

Le récit qui suit rend compte d'une expérience qui n'a pas fait qu'attirer mon regard, mais qui m'a aidé à changer la manière dont je me perçois, de même que toutes mes relations.

En d'autres mots, bien que cet événement ait depuis longtemps « descendu le courant », mêlant sa substance à un passé lointain, la leçon que j'ai apprise alors reste centrale dans ma perception de mes amis et des membres de ma famille, sorte d'étoile polaire dans la constellation de ma conscience. Voilà pourquoi j'ai le sentiment que la partager avec vous constitue la manière idéale de terminer cet ouvrage sur une note heureuse.

Comme vous le verrez, particulièrement si vous épousez le pouvoir du principe intemporel qu'il contribue à illustrer, la patience aimante et la gentillesse profonde dont vous aurez besoin pour réussir ce travail interne consistant à vous éveiller ensemble brilleront en vous et hors de votre cœur, de votre esprit et de votre âme. Voici donc ce récit véridique.

Cela a commencé bien innocemment : comme je m'étais rendu à l'épicerie dans le but de n'acheter que quelques articles, je n'avais pas pris de panier, ce qui fut une erreur. J'avais les mains pleines quand je me suis approché des caisses où, normalement, plusieurs caissiers sont censés se tenir à la disposition des clients. Sauf qu'il n'y en avait que trois et que plus d'une vingtaine de clients faisaient la queue, leurs paniers pleins à ras bord.

J'ai donc fait ce que, je suppose, la plupart des gens font dans une situation semblable : je me suis avancé, ai estimé le temps d'attente à chacune des caisses en fonction du contenu du panier des clients, puis j'ai fait la queue dans la file qui me semblait la plus rapide.

Il m'est apparu vite évident que j'avais choisi la file la plus lente. Les autres qui attendaient dans la file ont mis peu de temps à faire la même constatation. Et c'est là que tout a commencé.

Un homme d'âge moyen s'est mis à maugréer à voix basse ; bien que ses mots fussent inintelligibles, son discours était clair. Il n'appréciait pas la lenteur avec laquelle le caissier passait les clients. Apparemment, sa négativité était contagieuse puisque, un moment plus tard, la femme directement derrière lui et juste devant moi exprimait à voix haute ce que tous les clients de la file, moi y compris, pensaient :

« Voyons ! dit-elle sur un ton sarcastique. Qu'est-ce qui se passe… ? Prenez votre temps, on a toute la journée ! »

Alors, comme on l'observe souvent dans une foule, la négativité d'une personne semble autoriser l'expression de celle de tous les autres, si bien que, suivant le mouvement, une autre personne dans la file dit : « En effet. Ce n'est pas possible ! Je ne reviendrai plus jamais dans cette épicerie. »

Tandis que j'attendais, conscient du courant d'énergie négative qui se répandait autour de moi, quelque chose m'a poussé à regarder la caissière. On pouvait sentir la tension qu'elle éprouvait à se tenir là, probablement depuis quelques heures, à subir en silence les remarques désagréables concernant ses compétences de caissière.

Chose intéressante, le mécontentement des gens à son endroit n'eut pas pour effet d'accélérer son travail mais, au contraire, de le ralentir. Plus son stress augmentait, plus elle multipliait les erreurs au point qu'elle dut faire appel à son superviseur pour remettre à zéro sa caisse enregistreuse. On peut imaginer l'effet que cela eut sur les gens qui étaient déjà prêts à la lapider.

Mon tour enfin arrivé, j'ai constaté qu'elle tremblait de la tête aux pieds. Bien qu'il faisait froid, des gouttes de sueur se formaient sur son front. Tandis que je me tenais devant elle, il était évident qu'en dehors d'un coup d'œil rapide, elle n'avait aucune envie de me regarder. Qui aurait pu l'en blâmer ? Il n'y a pas de doute qu'elle n'avait vu que de l'hostilité dans les yeux des autres clients. Sur le ton le plus doux possible et avec un petit rire dans la voix, je lui ai donc dit : « Il y a des jours où c'est toute une aventure, pas vrai ? »

Aussitôt, elle a levé les yeux et m'a regardé. Visiblement soulagée de voir que je n'étais pas un ennemi, elle a soufflé et m'a regardé en faisant de son mieux pour me sourire. J'en ai conclu que j'avais la permission de poursuivre sur ma lancée.

« Ne vous occupez pas d'eux, lui ai-je dit. On dirait que tout le monde est pressé ces jours-ci et que l'impatience peut gagner même la meilleure des personnes. »

Elle me regardait toujours, essayant d'ingérer un peu de l'énergie apaisante que j'espérais lui communiquer. « De toute façon, ai-je ajouté, je ne suis pas pressé. Prenez votre temps. »

Puis vint la leçon, un « présent » spécial que je n'aurais jamais imaginé. Mon souhait, en fait la véritable raison pour laquelle j'écris tout cela dans le dernier chapitre de ce livre, est qu'en partageant ce moment avec vous, vous en serez enrichi vous aussi... et le partagerez avec tous ceux que vous aimez.

Elle m'a souri sincèrement en me disant : « Je vous remercie de votre patience. Je fais de mon mieux, mais je suis nouvellement arrivée comme caissière dans ce magasin et je suis en formation. »

Je lui ai dit en riant : « Eh bien, ne le sommes-nous pas tous ? »

Elle a compris aussitôt, et dans cette compréhension mutuelle, deux étrangers sont devenus des amis. Quand je suis sorti de l'épicerie, mes sacs en main, j'ai remercié silencieusement les étoiles au-dessus de ma tête. Quelque chose de remarquable s'était produit : contrairement aux clients malheureux qui se tenaient là, pestant contre la « malchance » de devoir attendre aussi longtemps, je me sentais plein de gratitude pour ce que je venais de vivre.

S'éveiller à deux : un exercice intemporel

En matière d'amour et d'éveil à deux, non seulement découvrons-nous constamment les innombrables possibilités qui nous sont offertes – en traversant ensemble les situations qui nous permettront de mieux nous aimer l'un l'autre, notamment –, mais aussi qu'il n'y a pas de fin aux leçons que cet amour supérieur peut nous enseigner.

En d'autres mots, en matière d'amour, nous sommes tous et toujours en formation.

Nous ferons donc forcément des erreurs. Nous pourrions nous montrer brusques quand viendra le temps de pardonner et de faire preuve de délicatesse. Les échecs en cours de route font partie de la courbe d'apprentissage nécessaire pour transformer notre intention de nous montrer patients l'un envers l'autre en capacité à le faire. On pourrait presque dire que c'est en étant jetés à terre qu'on apprend à renoncer aux parties de nous-mêmes qui « foncent tête première ».

Non seulement serons-nous surpris de découvrir chez notre partenaire des limites dont nous ignorions l'existence, mais nous le serons encore plus quand nous ferons face à des obstructions semblables en nous. Cependant, pour l'heure et grâce à ce que nos réflexions concernant l'amour supérieur nous ont révélé, nous pouvons apprendre à voir ces moments indésirables pour ce qu'ils sont en réalité, à savoir une formation « sur le terrain ». Plus cela nous paraîtra évident, à savoir que nos relations constituent le moyen par lequel l'amour nous entraîne et nous forme, plus nous serons renforcés intérieurement par nos découvertes et capables de parfaire l'amour que nous avons l'un pour l'autre.

Ainsi, si nous savons que notre partenaire est « en formation », nous serons nettement moins portés à lui reprocher ses échecs à se montrer aimant. Non seulement serons-nous alors mieux disposés à l'excuser de ne pas répondre à nos attentes, mais nous serons également à même de nous pardonner notre propre brusquerie, le cas échéant.

Ces moments, où l'on prend conscience que ni l'un ni l'autre des deux partenaires n'est ce qu'on croyait qu'il était, sont pour le moins troublants. Mais soyons clairs : l'amour ne peut pas se laisser décourager par ce qu'il sert à révéler en nous, pas plus que le soleil ne peut être couvert de honte parce qu'il ne brille pas.

On ne saurait insister davantage sur ce concept : en ce qui concerne notre souhait – et notre travail – d'apprendre à aimer inconditionnellement, toutes les formes de découragement sont des mensonges. Ce sont les créations malencontreuses d'un niveau d'inconscience de soi dont le but, tel qu'il s'exprime dans le découragement qu'il voudrait qu'on éprouve, est de nous laisser croire que les limites qu'on rencontre en soi signifient la fin des possibilités de l'amour. L'exemple qui suit vous permettra de voir pourquoi cela, de même que toute autre forme de découragement, est absolument insensé.

Vous rappelez-vous la première fois que vous avez tenté de courir un kilomètre ou de lever des haltères plus lourds qu'à l'accoutumée ? Poussé au-delà de son niveau de conditionnement, votre corps s'est mis à « crier » de douleur. Nous connaissons tous ce cri, d'une manière ou d'une autre : les poumons manquent d'air, le cœur cherche à sortir de la poitrine, les bras sont douloureux de fatigue. Pourquoi diable souhaiterions-nous pousser volontairement notre corps jusqu'à ce seuil, connaissant la douleur qui en résultera ?

C'est à dessein : nous comprenons que la seule manière de nous renforcer consiste à payer le « prix » de chaque niveau supérieur d'endurance et de force que nous recherchons. C'est dans cet objectif qu'on s'entraîne, celui de s'élever au-dessus de nos limites présentes afin d'atteindre le niveau supérieur à notre potentiel du moment. Et ainsi de suite pour chaque niveau supérieur. C'est la même chose quand il s'agit de s'exercer à s'éveiller ensemble.

Rien dans l'univers ne peut nous empêcher de lâcher prise et d'aimer notre partenaire inconditionnellement, puisque l'amour supérieur que nous recherchons est passé devant nous afin de préparer le terrain. Ce n'est toutefois pas une raison pour ne pas se préparer à recevoir son pouvoir de nous parfaire, ainsi que nos relations.

Nous avons du pain sur la planche.
C'est le moment ou jamais de s'y mettre.

Par-delà les idées du bien et du mal, il y a un champ. Je t'y retrouverai. Quand l'âme se repose sur l'herbe, le monde est trop riche pour qu'on en parle. Les idées, la langue et même les mots « l'un, l'autre » n'ont plus aucun sens[17].

Rumi

17. Jalal al-Din Rumi. *The Essential Rumi*, traduction de Coleman Banks, première édition, New York, HarperCollins, 1996.

Remerciements

Tenter de remercier personnellement tous ceux qui ont contribué à faire de ce livre une réalité serait comme l'arbre qui espère se rappeler tout le soleil qui l'a réchauffé et toutes les brises qui ont agité ses feuilles, le nourrissant, le stimulant et le fortifiant tout au long de ses années sur terre.

Mes remerciements vont donc à vous tous, y compris à ceux qui se sont opposés à moi, histoire de donner la pleine mesure de l'amour que j'ai à offrir.

À V. H. sans qui les idées présentées dans ce livre n'auraient peut-être jamais été révélées.

À Ellen Dicstein, un coup de chapeau spécial pour votre dévouement et vos talents particuliers qui ont permis d'améliorer sensiblement le contenu de ce livre.

Surtout, à Patricia, mon épouse. À mes côtés depuis près de quarante ans, elle m'a accompagné à travers toutes les épreuves, m'aidant plus que quiconque à prendre la mesure de la profondeur, de la pérennité et de l'authenticité de la magie de l'amour. Elle est et sera toujours ma meilleure amie, ma rédactrice en chef et mon amante accomplie.

G. F.

Biographie de l'auteur

Auteur à succès de livres de psychologie populaire et maître spirituel de réputation internationale, Guy Finley a publié plus de 45 livres et programmes audio/vidéo dont *Lâcher prise*, son ouvrage majeur salué par le public. Ses livres et programmes audio, dont plusieurs sont des best-sellers de niveau international, se sont vendus à plus de deux millions d'exemplaires à travers le monde.

Considéré comme un mystique moderne et un philosophe pratique, Guy Finley fait preuve d'une sagesse touchant au cœur de nos préoccupations personnelles et sociales les plus importantes – relations, réussite, dépendances, stress, paix, bonheur, liberté – et montrant le chemin vers une vie plus élevée.

Au cours des 35 dernières années, il a présenté plus de 5000 séminaires portant sur la réalisation de soi à des milliers d'étudiants reconnaissants à travers l'Amérique du Nord et l'Europe. Chaque semaine, plus de 100 000 abonnés répartis dans 142 pays lisent son bulletin inspirant dans lequel il présente ses leçons clés.

Publiés dans plus de 26 langues, ses livres populaires ont reçu l'aval de médecins, de professionnels et de leaders religieux de toutes confessions. Citons certains des plus populaires, soit *Lâcher prise, Les clés pour lâcher prise, Prier pour lâcher prise, Le cœur apprenti, Vivre et lâcher prise, Le courage d'être libre, Pensées pour ceux qui cherchent*.

Guy Finley a été invité à participer à plus de 700 émissions de télévision et de radio, y compris sur des réseaux nationaux tels que ABC, NBC, CBS, CNN et NPR. Il collabore régulièrement au *Huffington Post*, au *Beliefnet*, au *Positively Positive* et à plusieurs autres.

En tant que directeur fondateur de la Life of Learning Foundation, un organisme sans but lucratif sis à Merlin en Oregon, il présente quatre cours de réalisation de soi par semaine. Ces rencontres sont ouvertes au public. Il offre également des cours en ligne par le biais de la Life of Learning's Wisdom School. En 2011, il a lancé le projet OneJourney (OneJourney.net), site Web interreligieux primé visant à souligner l'unité spirituelle qui est sous-jacente à toutes les religions du monde.

Ouvrages du même auteur

LIVRES

Lâcher prise pour vaincre la dépendance
Lâcher prise
Pensées pour ceux qui cherchent
Soyez votre propre lumière
Une année pour lâcher prise
Vivre et lâcher prise
Pensées pour lâcher prise
Vaincre l'ennemi en soi
Les clés pour lâcher prise
Le cœur apprenti
Prier pour lâcher prise
Amour, mensonges et pièges
Les voies de l'émerveillement

CD

Secrets of Spiritual Success
The Six Characteristics of Higher Self-Command
Seven Steps to Oneness
The Meditative Life
Secrets of Being Unstoppable
Being Fearless and Free

The Meaning of Life
Forever Free

DVD
Life Is Real Only When You Are
Wisdom's Path to the Happiness Within

Pour communiquer avec Guy Finley et lui adresser vos questions au sujet de ce livre (en anglais) :
Life of Learning Foundation
P.O. Box 1O RM
Merlin, OR 97532

Visitez le site de Guy Finley www.guyfinley.org
ou suivez-le sur Facebook (www.guyfinley.org/facebook),
Twitter (www.guyfinley.org/twitter),
et YouTube (www.guyfinley.org/youtube).

TABLE DES MATIÈRES

Suivez-nous sur le Web

Consultez nos sites Internet et inscrivez-vous à l'infolettre pour rester informé en tout temps de nos publications et de nos concours en ligne. Et croisez aussi vos auteurs préférés et notre équipe sur nos blogues !

EDITIONS-HOMME.COM
EDITIONS-JOUR.COM
EDITIONS-PETITHOMME.COM
EDITIONS-LAGRIFFE.COM
RECTOVERSO-EDITEUR.COM
QUEBEC-LIVRES.COM
EDITIONS-LASEMAINE.COM

RECYCLÉ
Papier fait à partir de matériaux recyclés
FSC® C103567
FSC www.fsc.org

Imprimé chez Marquis Imprimeur inc.
sur du Rolland Enviro, contenant 100%
de fibres postconsommation, fabriqué à partir d'énergie biogaz
et certifié FSC®, ÉCOLOGO, Procédé sans chlore et
Garant des forêts intactes.

PERMANENT 100% BIO GAZ ÉNERGIE Garant des forêts intactes™